Harald Zoschke

CHILI BARBECUE

Kulinarische Grill-Abenteuer mit scharfen Zutaten

Impressum

Bibliografische Informationen der Deutschen Bibliothek: Die Deutsche Bibliothek verzeichnet diese Publikation in der Deutschen Nationalbibliografie; detaillierte bibliografische Daten sind im Internet über http://dnb.ddb.de abrufbar.

Zoschke, Harald:

CHILI BARBECUE: Kulinarische Grill-Abenteuer
mit scharfen Zutaten / Harald Zoschke – Kressbronn:
Suncoast Peppers GmbH, Kressbronn

ISBN 978-3-937862-03-3 EAN 9783937862033

Erstausgabe

Originalausgabe 1. Druckauflage 2012

Printed in Germany – unseren Jobs zuliebe

Vertrieb: Suncoast Peppers GmbH
Postfach 9132
D-88075 Kressbronn am Bodensee

E-Mail-Kontakt: info@suncoastpeppers.de
(Autor, Vertrieb)

Inhalt

Anmerkung: (v) = vegetarisch

Inhalt

Glamouröses Geflügel

Fisch & Seafood

Hauptsache Chili

Vegetarisches vom Grill

Inhalt

Zünftige Beilagen

Süßes & Desserts

Soßen, Dips & Salsa

Inhalt

Marinaden & Glasuren

Würzmischungen & Rubs

Außerdem ...

Alles wird glut!

Herzhaft Willkommen!

Wir freuen uns über Ihr „brennendes Interesse"!

Sie brutzeln also gerne draußen am Grill oder Smoker, und Sie lieben scharfe Küche ... in diesem Buch kommt zusammen, was zusammengehört!

Vorweg, was Sie hier *nicht* finden werden: Eine ellenlange Einführung zum Thema Grillen, eine Vorstellung der verschiedenen Grillgerät-Typen, und schon gar keine Diskussion, ob Holzkohle- oder Gasgrill das Gerät der Wahl ist oder nur ein großer schwarzer Barbecue Smoker. Wir sind in der glücklichen Lage, alle diese Geräte rund ums Haus zu haben, und wir benutzen sie auch alle – so kommt in diesem Buch jeder zu seinem Recht.

Auch gibt's kein Kapitel über Grill-Zubehör. Wo immer angebracht, streuen wir Tipps oder Hinweise auf nützliche Hilfsmittel ein. Und wenn Dinge wie Grillplanken oder Dutch Oven zum Einsatz kommen, gibt es dazu natürlich entsprechende Hilfestellung.

Da aber womöglich das Thema Chilis neu für Sie ist, bietet Ihnen dieses Buch dazu eine kleine Übersicht, ebenso zu anderen Zutaten, die mehr Pepp auf den Grill bringen, wie Senf, Meerrettich oder Ingwer.

Das Wichtigste aber sind natürlich **Rezepte, Rezepte, Rezepte**. Alle von uns gegrillt und getestet, und alle mit Bildern, die ja bekanntlich mehr als 1000 Worte sagen.

Bei Grillen und Barbecue gibt es viele Berührungspunkte mit Chilis. Kaum eine Barbecue Sauce oder Streuwürze kommt ohne die feurigen Früchte aus. Und Chili, Paprika & Co. lassen sich vielfältig auf dem Grill verwenden.

Keine Angst: In unseren Rezepten gibt's keine Schärfe-Rekorde oder Mutproben. Vielmehr heben hier Chilis in vielfältiger Weise den Geschmack und sorgen für neue kulinarische Dimensionen. Lassen Sie sich überraschen ...

Wir wünschen gut Glut und viel Spaß beim Nachgrillen!

Harald & Renate Zoschke

PS – „CHILI BARBECUE" bietet Ihnen noch eine weitere Besonderheit: Zur Vertiefung des Themas finden Sie Ergänzungen, Aktualisierungen, Rezepte, Web-Adressen und vieles mehr im Internet unter:

www.chili-barbecue.de

Chilis!

Kaum eine Frucht oder Pflanze fasziniert Menschen auf der ganzen Welt so sehr wie die Chilis. Hunderte Chili-Sorten bieten eine unglaubliche Formen- und Farbenvielfalt, und neben der sprichwörtlichen Schärfe auch ausgesprochene Geschmacks-Abenteuer, außerdem zahllose gesundheitliche und medizinische Nutzen. Auch hierzulande gibt es immer mehr Chili-Fans – und viele von ihnen sind Griller. Und umgekehrt.

Bevor es mit den Rezepten losgeht, wollen wir uns daher zunächst kurz mit den scharfen Schoten beschäftigen, bei denen es sich botanisch korrekt um *Beeren* handelt. (Ausführlich widmet sich dem Thema Chilis eine eigene Publikation, „Das Chili Pepper Buch 2.0“).

Falscher Pfeffer

Ursprünglich stammen die feurigen Früchtchen aus Südamerika, wo die wild wachsenden kleinen roten Beeren schon vor 9000 Jahren gesammelt und gegessen wurden. Kultiviert haben sie die Völker Mittelamerikas bereits vor etwa 4500 Jahren. Nachdem Kolumbus bei seiner Entdeckung des amerikanischen Kontinents die Chilis dort irrtümlich für „Pfeffer“ hielt, ähnlich den aus Indien bekannten scharfen Beeren, wurden sie ab dem 16. Jahrhundert durch die Handelsflotten rund um die Welt verbreitet.

Schnell entwickelte sich daher auch in Indien, Asien, Afrika sowie in verschiedenen europäischen Ländern eine feurige oder zumindest pikante Küche.

Obwohl Chilis je nach Sorte mehr oder weniger scharf sind, haben sie botanisch nichts mit dem echten Pfeffer zu tun, sondern gehören wie Kartoffeln, Tomaten, Auberginen und Bohnen zu den *Nachtschattengewächsen*. Das große Plus der Chilis: Anders als schwarzer Pfeffer wachsen sie fast überall, der daraus resultierende erheblich niedrigere Preis trug enorm zur Verbreitung bei.

Gängige Namen sind: *Chili*, *Chili Pepper*, *Hot Pepper*, *Peperoncino* (italienisch), *Pimiento* (spanisch), *Paprika* (ungarisch). Ab und zu stößt man auf Phantasienamen wie „Pfefferonen“. Die Bezeichnung „Paprika“ steht je nach Land für scharfe oder milde Sorten.

Gemüsepaprika – die großen milden Verwandten

Kaum zu glauben: Selbst der große milde Gemüsepaprika wurde aus winzigen wilden Ur-Chilis gezüchtet – mehr Masse, keine Schärfe. Sie alle gehören zur Gattung *Capsicum*, die Botaniker in fünf Arten unterteilen, nämlich

- *c. annuum* (z. B. Gemüsepaprika, Jalapeño)
- *c. baccatum* (z. B. Ají Amarillo)
- *c. chinense* (z. B. Habanero, Scotch Bonnet)
- *c.fruescens* (z. B. Tabasco, Malagueta)
- *c. pubescens* (z. B. Rocoto)

Dazu kommen diverse Wildarten; selbst nach 500 Jahren Chiliforschung werden sogar immer noch neue entdeckt!

Schauen Sie sich mal links unseren Ernteteller an – Formen, Farben und Feuer unterscheiden sich von Sorte zu Sorte, und natürlich das Aroma. Diese Vielfalt macht Chili, Paprika & Co. so interessant für die Küche, und wie wir sehen werden, besonders auch für den Barbecue-Einsatz.

Von wild nach mild: Wilde Chilis wie der kleine beerenförmige Chiltepin waren der Ursprung, aus dem Menschen schon früh begannen, alle möglichen Sorten zu züchten, vom Cayenne über Jalapeño bis zur Gemüsepaprika.

Woher kommt die Chili-Schärfe?

Die Schärfe bringt den Pepp in die Chilis, aber natürlich wurde sie nicht zum Erfreuen unseres Gaumens ersonnen. Vielmehr schützt sich die Chilifrucht damit vor Fraßfeinden: Säuger wie etwa Nagetiere hält sie vom Verzehr ab, während Vögel, die zur Verbreitung der Saat und damit zum Arterhalt beitragen, die Schärfe nicht spüren.

Aufgenommen und ans Gehirn weitergeleitet wird der Schärfereiz über die Wärmerezeptoren, daher das Gefühl, dass es „brennt".

Die natürliche Schärfesubstanz heißt *Capsaicin*. Im Mund wird sie vom Menschen selbst noch in 1 Millionstel Verdünnung (= 1 ppm, also 1 part per million) wahrgenommen.

Schauen wir uns mal eine typische Chilifrucht im Längsschnitt an: Die Pfeile deuten an, wo der größte Teil des Capsaicins sitzt. Es wird in der Plazentawand sowie in den Scheidewänden produziert; daher sind vor allem die diversen Innenwände erheblich schärfer als das Fruchtfleisch selbst.

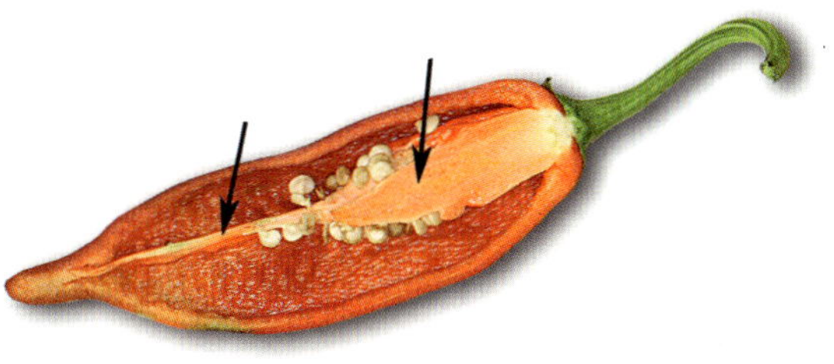

Die Samenkörner selbst enthalten weder viel Aroma noch Schärfe. Chilis lassen sich daher weitgehend „entschärfen", indem man vor der weiteren Verarbeitung ihr Innenleben entfernt.

Thermometer für Chili-Schärfe

Gemessen wird die Schärfe in *Scoville-Einheiten*, benannt nach dem amerikanischen Pharma-Wissenschaftler Wilbur Scoville. Die Bandbreite reicht von null bis 16 Millionen, doch für den praktischen Gebrauch reicht eine vereinfachte Schärfeskala von 1 (mild) bis 10 (extrem scharf) völlig aus. Für Chilis kann ohnehin immer nur ein Bereich „von ... bis“ angegeben werden, da die jeweilige Schärfe von Faktoren wie Klima, Boden und Bewässerung abhängt. Hier also unser „Chili-Thermometer“; die Werte beziehen sich zwecks Vergleichbarkeit auf getrocknete Chilis; bei frischen liegen sie wegen des Wassergehalts um das Sechs- bis Zehnfache niedriger.

Scoville-Einheiten	Schärfestufe	Chili-Sorten
1 Mio. – 16 Mio.	10+	(16 Mio. = pures Capsaicin)
500.000 – 1 Mio.		Naga/Bih/Bhut Jolokia, Trinidad Scorpion
100.000 – 500.000	10	Habanero, Scotch Bonnet, Red Savina, Caribbean Red, Datil, Chocolate Habanero, Fatalii, Afrikanische Birdeye.
50.000 – 100.000	9	Santaka, Chiltepin, Rocoto, Malagueta, Tabasco (Schoten, nicht Soße), Hot Paper Lantern
30.000 – 50.000	8	Thai, Piquin/Pequin, lange dünne Cayenne, Takanotsume, Serrano
15.000 – 30.000	7	De Arbol, Hot Jalapeño, NuMex Barker, Santaka
5.000 – 15.000	6	Frühe Jalapeño, Ají Amarillo, Cherry Hot, Chipotle (= geräucherte Jalapeño), Holland-Chilis (Dutch), Indian PC-1
2.500 – 5.000	5	TAM Mild Jalapeño, Mirasol, große dicke Cayenne, NuMex Mirasol, Nippon Taka
1.500 – 2.500	4	Sandia, Española Improved, Piment d'Espelette, Cascabel, Yellow Wax Hot, Kashmir
1.000 – 1.500	3	Ancho/Poblano, Pasilla, Jalapeño NuMex Primavera, viele „New Mexican“-Sorten wie z. B. NuMex 6-4
500 – 1.000	2	Anaheim, Cherry Mild, grüne Chilis in der Dose, scharfe ungarische Paprika, NuMex Big Jim
100 – 500	1	Blassgrüne Peperoncini (Italien, Türkei), Cubanelle (Gypsy etc.), NuMex R Naky, NuMex Suave Red & Orange, Piquillo
10 – 100		
0	0	Gemüsepaprika, Pimiento, Sweet Banana Chilis, Tomatenpaprika

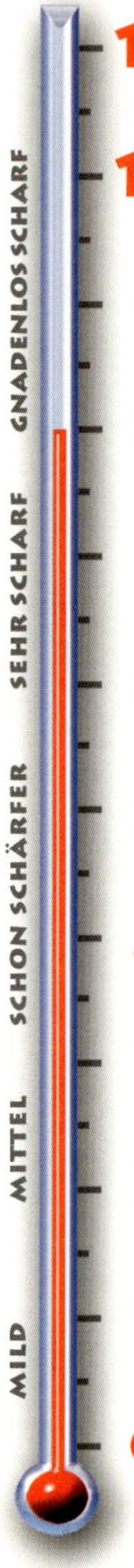

Schärfe ist nicht alles ...

Außer der Schärfesubstanz Capsaicin, die durchblutet, den Stoffwechsel ankurbelt und munter macht, steckt noch mehr in den feurigen Früchtchen: Frische Chili, Paprika & Co. enthalten zum Beispiel eine ganze Menge Vitamin C – auf ihr Gewicht bezogen sogar rund dreimal soviel wie Zitrusfrüchte! Besonders die roten Früchte sind zudem reich an wertvollem Beta-Karotin. Außerdem enthalten Chili, Paprika & Co. Vitamin B6, B1 und B2, Niacin und als einzige Gemüseart enthalten sie in beachtlichem Maße das antioxidativ wirkende Flavonoid Vitamin P (Rutin).

Was aber vor allem drin steckt: Außer Feuer **jede Menge Aroma!** 2011 veröffentlichten Forschungen zufolge fand man in Chilis mehr 200 Verbindungen, die deren Aroma bestimmen – eine ähnliche Komplexität also wie bei Wein oder hochwertiger Schokolade. Und auch hier spielen Faktoren wie die Anbauregion eine Rolle, wie Chilis mit Herkunftsschutz zeigen, etwa *Pimenton de la Vera* oder *Piment d'Espelette*.

Die richtige Entfaltung der komplexen Aromen geschieht im Zusammenspiel mit der jeweiligen Schärfe einer Chilisorte.

Ob geröstet, gefüllt, in einer Soße oder als Teil einer Würzmischung – damit sind die feurigen Früchtchen auf jeden Fall die perfekten Begleiter am Grill.

Ein guter Rat ...

Ob frisch oder getrocknet: Sie sollten bei jeglicher Handhabung und Verwendung sehr scharfer Chilis unbedingt Schutzhandschuhe tragen, Hände/Geschirr gut reinigen und kleine Kinder fernhalten.

Bei gemahlenen Chilis den Staub besser nicht einatmen. Und nichts versehentlich in die Augen reiben oder ... Sie wissen schon. Auch *vor* dem WC-Gang Hände waschen nicht vergessen! ;-)

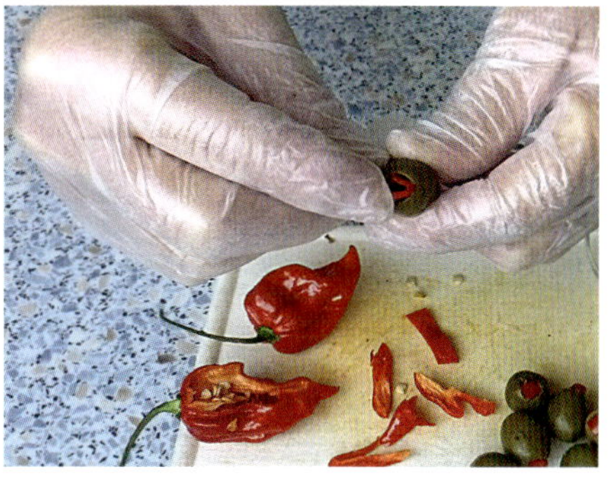

Sind Zierchilis essbar?

Alle Früchte der Gattung Capsicum sind essbar. Auch Ziersorten, oft sind sie sogar sehr scharf. Allerdings merkt man es vielen ornamentalen Chilis an, dass sie auf Optik und nicht auf Geschmack gezüchtet wurden.

Und nicht mit dem als Zierpflanze angebotenen giftigen Korallenbäumchen, Korallenstrauch oder Korallenkirsche (*Solanum capsicastrum*) verwechseln! Die sind zwar auch Nachtschattengewächse, aber keine Chilis.

Chili-Flammen löschen

Was tun, wenn's mal zu scharf war? Mit Wasser oder Bier wird's nur noch schlimmer, denn der Chili-Scharfmacher Capsaicin ist nicht wasser- sondern fettlöslich. Daher helfen Milch, Joghurt und Eiscreme besser, die Flammen zu löschen. Forschungen zufolge bindet das in Milchprodukten enthaltene Kasein das Capsaicin und „entschärft" es dabei.

Chili-Information

Die wichtigsten Chilis für Grillen & Barbecue

Es gibt hunderte Chilisorten, aber in der Küche – und am Grill – kommt man mit einem guten Dutzend Chili & Paprika dicke aus. Die roten Ziffern geben die Schärfestufe (1 – 10) an, die grünen Ziffern entsprechen den weißen im Bild.

1 Jalapeño – Der Klassiker für viele mexikanische, TexMex- und Southwestern-Gerichte. 7–8 cm lange, abgerundete dickfleischige Früchte, meist grün geerntet, obwohl sie rot gereift noch aromatischer werden. Bisweilen frisch auf dem Markt erhältlich, als Importware auch eingelegt im Glas, oft in Ringe geschnitten (für Nachos und Salate). **5**

2 Chipotle – Rotgereifte und durch Mesquite-Rauch getrocknete Jalapeños, schon recht peppig und mit ausgeprägtem „Smoky"-Aroma. Man bekommt sie als ganze Chlis und gemahlen. Praktisch und vielseitig verwendbar beim Barbecue sind „Chipotle in Adobo Sauce", in eine würzige Tomatentunke eingelegte ganze Chipotle, die dann weich sind, sodass Einweichen entfällt. Das mexikanische Produkt ist in handlichen 200 g-Dosen im Chili-Fachhandel von verschiedenen Herstellern erhältlich. **5**

3 Pimenton de la Vera – Das rauchige Chipotle-Gegenstück aus Spanien. Bevor er gemahlen in den Handel kommt, werden die Früchte über Eichenholzfeuer getrocknet, was ihnen das typische rauchige Aroma verleiht, anschließed wird er wie Paprika fein gemahlen. Wird von einer Handvoll zugelassener Erzeuger in typischen Blechdosen mit Gebietsschutz-Siegel angeboten. **1** bzw. **4**

4 Piment d' Espelette – Dieser aromatische Paprika genießt ebenfalls EU-Gebietsschutz, er wird seit Jahrhunderten ausschließlich in der französischen Baskenregion um den kleinen Ort Espelette angebaut. Die Schoten werden getrocknet und zu einem groben aromatischen Pulver gemahlen angeboten. Passt perfekt zu Fischgerichten, Grillfleisch und zum Verfeinern von Soßen. Aber auch auf einem einfachen Omelett oder Spiegelei macht sich eine Prise Espelette-Chili gut. **4**

5 Ancho – Eher milder mexikanischer Chili mit großen Schoten, die roh *Poblano* heißen und grün verwendet (z. B. gefüllt und dann geschmort oder gegrillt) werden. Rotgereift und getrocknet nennt man sie *Ancho* – in dieser Form zeichnen sich die fast schwarzen Schoten durch ein charakteristisches leicht rauchiges und pflaumen- und tabakähnliches Aroma aus. Auch gemahlen erhältlich, runden sie zum Beispiel Barbecue-Soßen ab. **3**

6 Peperoncini – Kleine rote scharfe Chilis in verschiedenen Variationen, meist aus Süditalien. Bisweilen frisch auf dem Markt, meist jedoch getrocknet, und zwar im Ganzen, als Flocken oder gemahlen („Peperoncino Macinato Piccante"). **7–9**

7 Habanero – Der Fruchtig-Scharfe aus Mexiko, bisweilen frisch zu haben, sonst eingelegt. Egal ob orange, gelb oder grün: „Habbis" haben es in sich! Ihr Aroma harmoniert mit Früchten und passt gleichermaßen zu herb und süß, besonders für karibische Griill-Spezialitäten. Getrocknet und gemahlen noch feuriger, sehr aromatisch. **10**

8 Bhut Jolokia – OK, es geht noch schärfer, und diesen Chili brauchen nur extreme Chiliheads. Auch den feurigsten kommerziell angebauten Chili bekommt man bisweilen frisch, und schon bei der Handhabung ist er mit Vorsicht zu genießen. **10+**

9 Birdeye – Das sind die 2–3 cm kleinen, meist getrocknet angebotenen Chilis. Oft steht nur „Chilis, scharf" drauf. Sie kommen aus Afrika (dort und in Portugal auch „Piri-Piri" genannt) oder Asien. **9–10**

10 Cherry, Kirschpaprika – Die runden roten fleischigen Früchte sehen aus wie Kirschomaten, eignen sich gut für peppige Salate, zum Einlegen in Essig und als Häppchen mit Frischkäse gefüllt, und natürlich gefüllt und gegrillt. Getrocknet zum peppigen Würzen. Achtung: Je nach Variante **1–5**

11 Cayenne – Bisweilen frisch erhältlich, aber jeder kennt das Pulver aus den roten getrockneten Cayenne-Chilis („Cayenne-Pfeffer"). **7–8**

12 Thai – Die schlanken Schoten sind frisch in rot und grün erhältlich, wichtig für die asiatische Küche. Achtung: Auch die grünen sind feurig! **8**

13 Ungarischer Gewürzpaprika – Zu Pulver gemahlen auch hierzulande ein Küchenklassiker, der in verschiedenen Varianten angeboten wird: *Delikatess* – beste Qualität; ohne Samen und Scheidewände; aromatisch, mild, süßlich-fruchtig, stark färbend. *Edelsüß* – würzig, mäßig scharf. *Halbsüß* – deutlich schärfer. *Rosen* – scharf, kräftiges Aroma. Schärfe je nach Variante **1–7**

Außerdem gibt es diverse Spitzpaprika und Green Chilis (z. B. *New Mexican*), auf die wir noch gesondert zu sprechen kommen.

Die wichtigsten Chilis für Grillen & Barbecue

Frische Chilis einkaufen

Für viele Rezepte benötigt man frische Schoten. Bei Gemüsepaprika kein Problem: Man bekommt sie überall; neben holländischer Treibhausware findet man vermehrt auch einheimische Produkte, besonders auf dem Wochenmarkt sogar in Bio-Qualität.

Schwieriger wird es bei ausgefalleneren Sorten, insbesondere scharfen Chilis. Oft hilft hier ein Gang zum Wochenmarkt: Hier ist oft eine Auswahl frischer Sorten erhältlich, inklusive peppiger Varianten. In großen Supermärkten und Kaufhaus-Lebensmittelabteilungen findet man – meist abgepackt – scharfe holländische oder thailändische Sorten, aber auch pikante italienische oder spanische. Supermarktware ist oft mit so vielsagenden Bezeichnungen wie „Peffer gelb lang“ oder „Pfeffer scharf grün“ gekennzeichnet. Habaneros haben wir auf einem Münchner Markt auch unter dem Namen „Blütenchili“ gesichtet. Der wachsenden Nachfrage entsprechend findet man jetzt immer häufiger abgepackte Sortimente („Chili-Mix“), wie im Bild unten.

Was immer auf dem Schild steht oder welchen Namen Ihnen der freundliche Marktverkäufer nennt – entscheidend ist Ihr persönlicher Test hinsichtlich Schärfe und Geschmack der Schoten. Bei der Bestimmung nach dem Aussehen hilft Ihnen die Übersicht auf Seite 14/15.

Chili-Sortimente aus dem Supermarkt

Chili-Auswahl auf dem Viktualienmarkt.

In jedem Fall sollten Sie beim Kauf von Chili, Paprika & Co. darauf achten, dass die Schoten glänzen und noch knackig frisch sind; die Stiele sollten frisch grün aussehen. Meiden Sie Früchte, die dunkle oder eingetrocknete Stiele, dunkle Flecken oder weiche Druckstellen haben oder die schrumpelig beziehungsweise welk sind – das passiert zuhause im Gemüsefach des Kühlschranks noch schnell genug! Dort kann man die Schoten etwa eine Woche lang aufheben. Chilis behalten nach der Ernte zwar ihre Schärfe, mit der Lagerung leidet jedoch das Aroma. Haben Sie größere Vorräte gekauft oder geerntet, können Sie sie auf verschiedenerlei Art konservieren – dazu in Kürze mehr.

„Frische“ Jalapeños auf einem deutschen Markt: Die linken sind akzeptabel, die rechten eher was für die Biotonne, und das bei fast sechs Euro/100 g. Also: Augen auf beim Chili-Kauf! Achten Sie bei frischen Schoten auf Stiele, die noch nicht vertrocknet sind.

Chilis zuhause ziehen

Immer mehr Heimgärtner betreiben den Chili-Anbau als Hobby. Ob im Garten, auf dem Balkon, auf der Fensterbank, oder im Gewächshaus, es wachsen scharfe schmackhafte Früchte heran, die in der Küche ein Hit sind, und auch optisch ein echter Hingucker. Erfreulicherweise fällt die Erntezeit der Chilis mit dem schönsten Teil der Grillsaison zusammen, sodass sich der Eigenanbau hier doppelt lohnt. Viele Rezepte in diesem Buch verwenden frische Chilis von mild bis wild.

Saat gewinnt man aus frischen Chilis vom Markt (aber nur reife – keine grünen!), und man bekommt sie in Gartencentern und diversen Internet-Shops.

Die Aussaat geschieht am besten Februar bis März im Gewächshaus oder auf der Fensterbank in Töpfen, Schalen oder Torftöpfchen, am besten in einem Mini-Gewächshaus. Saattiefe: max. 0,5 cm. Die Erde stets feucht halten, aber nicht nass. Die Temperatur sollte konstant zwischen 20 °C und maximal 30 °C liegen (gegebenenfalls Wärmematte verwenden, gibt's im Bau- und Gartenfachmarkt). Die Keimdauer liegt je nach Sorte und Temperatur meist zwischen 8 und 14 Tagen.

Chili und Paprika sind wärmebedürftig. Bester Standort: sonnige Südlage oder im Gewächshaus

Das Pikieren (Vereinzeln) der Pflänzchen erfolgt nach Bildung von mindestens zwei echten Blattpaaren (ca. 2–4 Wochen, nachdem die Keime zu sehen sind). Die Jungpflanzen kommen nach 4 bis 6 Wochen ins Freiland, Abstand 45 x 45 cm (Nachttemperatur muss über 5 °C bleiben!) oder unter Düngerbeigabe in große Töpfe oder Blumenkästen. Chili, Paprika & Co. lieben humose, nährstoffreiche Erde.

Hege und Pflege sind einfach: Chilis sind sehr wärmeliebend, verlangen gute Düngung (Tomatendünger hat sich bewährt) und ausreichend Bodenfeuchtigkeit, jedoch keine „nassen Füße". Pflanzen mit schweren Früchten sollte man einen Bambusstab als Halt geben.

Geerntet wird von September bis Oktober: Entweder die grünen Schoten, oder rot bzw. orange (schmackhafter, höherer Zuckergehalt).

Wichtig: Chilipflanzen sind frostempfindlich – wird es draußen kälter als 5 °C, ist Feierabend. Chilis in Containern müssen dann in Haus, Wintergarten oder Gewächshaus umquartiert werden. Man kann die Pflanzen zurückschneiden und überwintern. Spannender ist es aber, im nächsten Jahr neue Sorten auszuprobieren.

Das Chili-Gärtnern im Detail würde den Rahmen dieses Buches sprengen; alles was Sie zu diesem Thema wissen müssen, finden Sie unter anderem in „Das Chili Pepper Buch 2.0".

Weitere scharfe Barbecue-Zutaten

Kleiner Exkurs – Was gibts außer Chilis sonst noch an Zutaten für ein peppiges Barbecue?

Senf

„Senf" – das ist sowohl die Senfsaat als Gewürz, als auch die daraus hergestellte Paste, auch „Tafelsenf" oder „Speisesenf" genannt.

Man unterscheidet drei Senfpflanzen nach ihrer Saat: Schwarzer Senf (*Brassica nigra*), Weißer Senf (*Sinapis alba*) und Brauner Senf (*Brassica juncea*).

Für die Senfschärfe sind *Glykoside* verantwortlich, die etwa ein Drittel des Senfkorns ausmachen. Zunächst schmecken Senfkörner leicht nussig und wenig scharf. Erst beim Kontakt mit Flüssigkeit wird ein Enzym namens *Myrosinase* aktiv und bildet dann unter anderem die scharfen, tränenreizenden *Isothiocyanate*.

Weißer Senf mit dem Glykosid *Sinalbin* ist milder, brauner und schwarzer Senf sind durch *Sinigrin* deutlich schärfer. Doch wie bei Chilis ist auch beim Senf die Schärfe nicht alles – jede Senfsorte hat ihr charakteristisches, komplexes Aroma.

Anders als Chilis kommt Senf nicht aus der Neuen Welt – er war schon vor mehr als 3000 Jahren in China als Gewürz geschätzt. Über Kleinasien gelangte er dann nach Griechenland, wo er im 4. Jahrhundert vor Christus als Heilmittel verwendet wurde. Das erste überlieferte Rezept zur Senfherstellung stammt aus dem 1. Jahrhundert nach Christus und wurde in Rom verfasst; im 8. Jahrhundert findet Senf in einer Schrift Karls des Großen Erwähnung. Karl der Scharfe!

Da Pfeffer aufgrund langer Wege schon damals sehr teuer war, kam Senf neben Merrettich als „Scharfmacher" besonders vor der Verbreitung der Chilis große Bedeutung zu – und heute kombiniert man die beiden gerne. Sowohl dem Chili-Schärfestoff Capsaicin als auch den für die Senfschärfe verantwortlichen Isothiocyanaten sagt man appetitanregende und verdauungsfördernde Wirkung nach – in jeder Hinsicht also ein tolles Gespann.

Zur Speisesenfherstellung werden außer der Senfsaat noch andere das Aroma bestimmende Stoffe verwendet, zum Beispiel Wein, Wein- oder Apfelmost, Essig, Salz, Zucker und Gewürze.

Zum Thema Grillen sind die Einsichten einer indischen Forschergruppe interessant: Sie fand heraus, dass „Senf die Schädlichkeit von Benzpyren aufhebt, und zwar bereits in kleinen Mengen. Der Klacks Senf zur Bratwurst ist also ernährungsphysiologisch ebenso sinn- wie wertvoll." (*Pollmer/Warmuth, Lexikon der populären Ernährungsirrtümer, S. 158*)

Ebenfalls erstaunlich, aus dem selben Buch: „Amerikanische Wissenschaftler bepinselten in langen Versuchsreihen Brathähnchen mit einer Mischung aus Olivenöl, Apfelessig, Knoblauch, Zitronensaft, Senf und Salz. Und siehe da: Beim Grillen bildeten sich auf den marinierten Hähnchenteilen 80–90 Prozent weniger HCAs als bei den unbehandelten Fleischstücken".

Anmerkung: HCAs sind heterozyklische Amine; sie entstehen nicht nur beim Grillen und gelten als krebsfördernd.

Verschärfte Senf-Tipps

- Etwas Senf gibt jedem Salatdressing den richtigen Kick und verbessert die Konsistenz.
- Selbstgemachte Mayonnaise bekommt mit etwas Senf Pfiff, und sie emulgiert besser.
- Steaks, Braten und Bouletten gewinnen, wenn Sie sie vor dem Braten dünn mit Senf bestreichen.
- Bewahren Sie Senf immer kühl und dunkel auf. Nach Öffnen des Glases gehört er in den Kühlschrank.

Meerrettich

Der Meerrettich (Armoracia rusticana) gehört zur Familie der Kreuzblütengewächse (Brassicaceae); seine Wurzel liefert die Schärfe. Frisch geriebener Meerrettich steigt ordentlich in die Nase, wofür das *Allylisothiocyanat* verantwortlich ist, das sich bei Zellverletzung wie bei Senf enzymatisch aus Sinigrin bildet.

Geriebenen Meerrettich gibts im Glas und in der Tube zu kaufen, aber da die Wurzeln preiswert sind und sich – in einem feuchten Küchentuch im Kühlschrank – gut halten, spricht nichts dagegen, ihn im Haus zu haben und bei Bedarf frisch zu reiben. Besonders zu Fischgerichten und Rindfleisch macht er sich gut.

Wasabi

Botanisch unzutreffend wird Wasabi auch *japanischer Meerrettich* genannt, ist aber mit diesem nicht verwandt, auch wenn Meerrettich gerne – künstlich grün eingefärbt – als billiger Ersatz angeboten wird (achten Sie bei Pulvern und Pasten auf die Zutatenliste). Die klimatischen Erfordernisse sind schwierig, die dadurch limitierten Anbaugebiete machen echten Wasabi so rar und teuer. Wie Senf und Meerrettich verdankt Wasabi seine Schärfe flüchtigen Senfölen, den *Isothiocyanaten*, insbesondere *Glucocochlearin* und *Sinigrin*. Da die Schärfe schnell verfliegt, wird Wasabi am besten stets frisch gerieben.

Ingwer

Gut „Biss“ hat auch Ingwer (*Zingiber officinale*), verwendet wird hauptsächlich die Wurzel (Rhizom). Seine aromatische Schärfe verdankt Ingwer *Gingerol*. Es ist nicht so flüchtig und hält sich besser als die Schärfesubstanzen von Senf, Meerrettich und Wasabi. Der Geschmack passt perfekt zu karibisch angehauchten Gerichten und zu fruchtiger Salsa – wir kombinieren Ingwer gerne mit Habanero-Chilis. Und natürlich ist Ingwer ein Muss für Asiatisches wie Teriyaki.

Man bricht von einer frischen Ingwerwurzel die benötigte Menge ab, wickelt den Rest stramm in Küchenfolie und bewahrt ihn im Gemüsefach des Kühlschranks auf. Das Wurzelstück wird geschält und entweder mit einem scharfen Messer fein gehackt, durch die Knoblauchpresse gedrückt oder auf einer Keramikreibe gerieben.

Knoblauch

Knoblauch (*Allium sativum*) passt mit seiner scharf-aromatischen Würze perfekt zu allem Gegrillten. Marinaden gibt er den richtigen Pfiff, und wer ihn mit Ingwer kombiniert, muss sich (angeblich) nicht um Geruchsprobleme sorgen. Beim Knobi-Kauf gilt: Je frischer desto besser. US-Forscher fanden kürzlich heraus, dass das außer für den typischen Geruch auch für die Schärfe zuständige *Allicin* offenbar via Thermorezeptoren im Mundraum wahrgenommen wird, ähnlich wie bei Chilis also.

Röstet man Knoblauch auf dem Grill, verliert er seine Schärfe, wird weich und offenbart ein wunderbares Aroma. Unbedingt mal ausprobieren!

Pfeffer

Pfeffer (*piper nigrum*) kennt jeder, seine Schärfe verdankt er dem Alkaloid *Piperin*. Beim Grillen bevorzugen wir schwarzen Pfeffer, am besten natürlich frisch gemahlen.

Nun aber schnell zurück zu den Chilis ...

Chilis auf dem Grill

Denkt man an Grillen und Barbecue, kommt einem häufig zuallererst Fleischiges in den Sinn, zum Beispiel knackige Grillwürste und Steaks. Immer häufiger landet aber auch Gemüse auf dem Grillrost, und Chilis, Paprika & Co. eignen sich hierfür besonders gut – ob mit oder ohne Fleisch.

Sie werden sehen, wie vielfältig sie sich auf dem heißen Rost verwenden lassen, und welche kulinarischen Köstlichkeiten dabei entstehen.

Einige der vorgestellten Ideen sind vegetarisch; wer auf Fisch & Fleisch jedoch nicht verzichten will, wird ebenfalls nicht zu kurz kommen.

Grillspaß und Chilis – eine tolle Kombination. Nun beginnt die Grillsaison hierzulande ja erheblich früher, als die selbstgezogenen Chilis reif sind. Zum Glück lässt sich die Zeit bis zur eigenen Ernte mit gekauften und mit konservierten Chilis überbrücken.

Wir wir gesehen haben, findet man inzwischen fast das ganze Jahr hindurch mehr oder weniger scharfe Chili-Sorten und pikante Paprika.

An Material der Capsicum-Familie mangelt es also nicht. Und wer einmal Paprika oder Chili vom Grill genossen hat, wird das köstliche Aroma, das beim Rösten entsteht, nicht mehr missen wollen. Warum werden die Schoten durch das Grillen so aromatisch? Einer der Gründe ist der in den Schoten enthaltene Zucker, der durch die starke Hitze zum Teil karamellisiert. Dies gilt – unabhängig von Schärfe und Sorte – besonders für rote Schoten, die durch ihre Reifezeit mehr Zucker gebildet haben. Weitere Aromastoffe entfalten sich erst unter der Hitzeeinwirkung.

Verwendet man außerdem Holz zum Räuchern (darauf kommen wir noch zu sprechen), sorgt dies für eine weitere interessante Geschmacksnote, die mit den Schoten perfekt harmoniert.

Genug der Theorie – was können wir also mit unseren Chilis auf dem Grill anstellen?

- *Gegrillte Chilis „einfach so" – als Beilage*
- *Hier spielen Chilis die Hauptrolle: Gefüllte Schoten vom Grill*
- *Chilis (und weitere Zutaten) für Salsa rösten*
- *Chilis als Grill-Zutat*
- *Chilis als Grill-Gewürz und Einreibung ("Rub")*
- *Chilis als Soße, besonders als Barbecue Sauce, als Hot Sauce und in Marinaden*

Zu jeder dieser Verwendungsmöglichkeiten hält dieses Buch reichlich Beispiele bereit, und einige Techniken wollen wir jetzt im Vorfeld behandeln.

Gegrillte Chilis „einfach so“

Fleischige Chili-Sorten, aber auch milder Paprika, können als herzhafte Beilage gegrillt werden – einfach „pur“. Denken Sie nur an die Peperone-Antipasti beim Italiener!

Lecker: Käse-gefüllte Spitzpaprika vom Grill

Einer unserer Favoriten auf dem Grill sind milde lange Schoten wie italiensche Peperone, türkische lange Paprika, oder auch die blassgelbgrünen „Cubanelle“. Einfach „ohne alles“ mitgegrillt, schmecken sie als Beilage zu allem Gegrillten. Oder schlicht mit Käse gefüllt! Die Garzeit beträgt je nach Grilltemperatur nur 5–10 Minuten, einmal wenden. Bei längerem Grillen werden die Schoten leicht zu weich.

Auch kleine scharfe Chilis wie Serrano, Jalapeño und Cherry Hot lassen sich grillen. Wundern Sie sich aber nicht, wenn die kleinen Teufel vermeintlich noch feuriger werden: Der Gehalt an Schärfestoffen erhöht sich nicht, aber durch die Hitze platzen Zellwände auf, sodass sich das sonst auf die Zwischenwände konzentrierte Capsaicin auch auf das Fruchtfleisch verteilt.

Geröstete Chilis: Ein himmlicher Genuss

Im US-Bundesstaat New Mexico wurden diverse Chili-Sorten speziell zum Rösten gezüchtet, von mild bis gut scharf. Die enthäuteten Schoten werden dann mannigfaltig weiterverarbeitet. In New Mexico sind geröstete *Green Chiles* zudem Gemüsebeilage wie bei uns etwa Rosenkohl. Das Rösten dieser in der Regel grün (unreif) geernteten Schoten geschieht sehr kurz und schnell mit der hohen Temperatur von Gasflammen.

Wer in New Mexico an einem der vielen Straßenstände „Green Chile“, also grüne Chilis kauft, bekommt sie meist gleich vor Ort geröstet, wodurch sich die zähe Außenhaut leicht entfernen lässt und die Schoten noch aromatischer werden. Die Einheimischen frieren die abgehäuteten Schoten dann portionsgerecht verpackt ein. Auch hier ist nur einmal im Jahr von August bis September Erntesaison, und schließlich braucht man das ganze Jahr über milde und mittelscharfe Chilis, um die lokalen Spezialitäten kochen zu können: Green Chile Stew, Chiles Rellenos (gefüllte Chilis) und Green Chile Burger etwa.

Chili-Röster in Hatch, New Mexico. In Drehtrommeln werden die Chilis über kräftigen Propanbrennern schnell geröstet.

Für das Rösten daheim gibt es im US-Südwesten sogar handliche Geräte zu kaufen. Aber keine Sorge – zuhause klappt es auch auf dem Grill.

Chilis rösten ... und Leckeres damit zaubern

Auch selbst angebaute „New Mexicans" wie *Anaheim*, *Sandia, Big Jim* oder *Ortega* lassen sich auf diese Weise verarbeiten. Und natürlich auch solche Varianten, die Sie auf dem heimischen Wochenmarkt aufgetrieben haben, von italienischen Peperone bis zu griechischen Korno. Der Trick dabei: Bei großer Hitze müssen die Chilis schnell und unter häufigem Wenden rundherum blasig geröstet werden – das sollte nur wenige Minuten dauern, denn Sie wollen die äußere Haut blistern, aber das Fruchtfeisch nicht garen. Keine Angst, wenn die Haut dabei sehr schwarz wird, das ist nur äußerlich.

Egal, welche Chili-Sorte bei Ihnen auf den Grill kommt – wählen Sie in jedem Fall nur knackig-frische Früchte.

So sehen die Schoten nach dem Blitz-Rösten aus. Verwenden Sie richtig heiße Glut, oder einen auf „High" aufgedrehten Gas-Burner.

Anschließend kommen die heißen Chilis dann sofort in eine Papiertüte, um 10–15 Minuten zu „schwitzen". Nach dieser Kur lässt sich die zähe transparente Außenhaut problemlos abziehen. Anders als bisweilen zu lesen, sollte dies *nicht* unter fließend Wasser geschehen – dabei würde man wertvolles Aroma wegspülen! Je nach Verwendung können Sie das Innenleben entfernen.

Haben Sie Ihre Chilis gut geblistert, löst sich beim Schwitzen in der (verschlossenen) Tüte die zähe Außenhaut und ...

... kann dann mit einem Messer mühelos abgezogen werden. Hartnäckige Hautreste lassen sich mit Küchenkrepp abreiben. Denken Sie dran, nur bei den Milden ohne Handschuhe!

Je nach geplantem Verwendungszweck lässt man die gerösteten und gehäuteten Schoten im Ganzen, entstielt und würfelt sie, oder man schneidet sie der Länge nach auf, entfernt die Saat und schneidet „Filets". Dann kommen die Chilis portionsgerecht in gefriertaugliche Plastiktüten oder Behälter und werden nach dem vollständigen Abkühlen eingefroren. Die gewürfelten Chilis eignen sich zum Beispiel für Chili con Carne oder – ein Favorit in New Mexico – als Beilage zu Rührei zum Frühstück. Auch die Streifen eignen sich als Beilage und für viele Rezepte, die als Zutat New Mexican Chilis benötigen.

Geröstet, enthäutet und portionsgerecht eingefroren hat man das ganze Jahr Vorrat ...

... für Barbecue-Leckereien, zum Beispiel Green Chile Cheeseburger (Rezept Seite 50).

Die Filet-Streifen sind gerade richtig für *Green Chile Cheeseburger* vom Grill (Rezept Seite 50), sie eignen sich auch bestens als pikante Beilage oder fürs Antipasti-Büffet. Und natürlich für alle Rezepte, die als Zutat New Mexican Chilis benötigen, auch in diesem Buch.

Unser Tipp: Unbedingt einmal ausprobieren! Außerdem lassen sich mit den Röst-Chilis herrliche Salsas zaubern. Die ganzen Schoten lassen sich nach dem Auftauen füllen, zum Beispel für die berühmten *Chiles Rellenos* (mit Käse, Fleisch oder vegetarisch gefüllte Chilis).

Hier spielen Chilis die Hauptrolle: Gefüllte Schoten vom Grill

Gefüllte Paprikaschoten aus Mutters Kochtopf kennt jeder. Aber wussten Sie, dass sich alle möglichen Sorten lecker füllen und auf dem Grill zubereiten lassen? Besonders gut eignen sich dickfleischige Chilis mit großen Hohlräumen, zum Beispiel griechische Korno oder türkische Dolmalik (entspricht in etwa dem mexikanischen Poblano). Darüber hinaus gibt es italienische Sorten, wie zum Beispiel Italia, die speziell zum Rösten und Füllen gezüchtet wurden.

Hier gleich ein paar Rezeptbeispiele:

- *Gefüllte Jalapeños #1* (Seite 104)
- *Gefüllte Jalapeños #2* (Seite 108)
- *Spitzpaprika Mediterran* (Seite 110)
- *Black Bean Bullets* (siehe Bild; Seite 112)
- *Stuffed Cherry Peppers* (Seite 114)

Ob feurig oder mild: Chili und Paprika lassen sich lecker füllen und grillen.

Chilis (und weitere Zutaten) für Salsa rösten

Herzhafte Salsa wird üblicherweise aus frischen Zutaten zubereitet. Noch schmackhafter wird sie aber, wenn man die Zutaten, wie insbesondere im amerikanischen Südwesten üblich, vorher auf dem Grill röstet. Probieren Sie doch einmal unsere *Roasted Southwestern Salsa* (Seite 184).

Geröstete Salsa-Zutaten ...

... und was daraus wird!

Chilis als Grill-Zutat

Auch in der Nebenrolle als Zutat bereichern insbesondere feurige Chilis den Grill: Zerkleinert eignen sie sich etwa als pikante Zutat für Grill-Burger. Wenn Sie also das nächste Mal welche grillen, arbeiten Sie doch mal ins Hackfleisch fein gehackte frische Jalapeños oder dicke rote Cayenne mit ein. Recht interessant machen sich da auch fein gehackte getrocknete Chipotle-Schoten, die man zuvor eine halbe Stunde in warmem Wasser einweicht.

Hiermit bekommen Ihre Burger eine rauchig-pikante Note. Hartgesottene Chili-Fans probieren auch einmal fein geschnittene Thai-Chilis oder Habanero-Schoten.

Grillen Sie gerne Schaschlik? Schieben Sie anstelle von Paprika-Stücken doch einmal scharfe Chilis zwischen die Fleischstücke, zum Beispiel Thai, Serrano oder Cayenne! Und für besonders Hartgesottene – na, Sie wissen schon ... siehe Bild.

Burger-Buletten: Pikanter und saftiger mit Chilis ...

... ebenso ein aufgepeppertes" Schaschlik

BBQ Sauce, Hot Sauce & Marinaden: Chilis aus der Flasche

Dann gibt's natürlich noch die flüssigen Chilis aus der Flasche – in Form von **Barbecue Sauce** und **Hot Sauce**. Sie machen es leicht, milden Marinaden und laschen Grillsoßen mehr Pepp zu verleihen. Oder Sie kreieren gleich Ihre eigene Barbecue Sauce! Passende Rezepte haben Sie jetzt ja, zum Beispiel:

- *Coffee Bourbon BBQ Sauce* (Seite 166)
- *Smoky BBQ Sauce* (Seite 177)
- *South Carolina Mustard Sauce* (Seite 172)

Seit Urzeiten werden **Marinaden** dazu benutzt, Lebensmittel wie Fleisch und Fisch zu konservieren und zarter zu machen.

Flüssige Marinaden gibt es fertig in der Flasche – besser jedoch schmeckt meist Selbstgemixtes, besonders wenn man es feuriger mag. Außerdem sind selbst gemachte Marinaden frei von künstlichen Zusatzstoffen.

Mehr zu Marinaden, und natürlich die passenden Rezepte, finden Sie ab Seite 190.

Ob Hot Sauce oder Barbecue Sauce: Ohne Chilis geht nichts.

Chilis als feurige Würze

Ob mild oder wild – auch getrocknet und geschrotet („Flocken“) oder gemahlen finden Chilis vielfältige Verwendung, zum peppigen Würzen ganz allgemein, und für Trocken-Marinaden (sogenannten „Rubs“), mit denen Fleisch und Fisch zart gemacht und aromatisiert werden.

Damit Sie nicht alle möglichen verschiedenen Mischungen bevorraten müssen, beschränken wir uns gezielt auf vier verschiedene Varianten.

Die Mischungen sind bei uns im harten Einsatz jahrelang praxiserprobt und eignen sich für ein breites Anwendungsspektrum. Sie werden sehen, dass auch in diesem Buch reichlich davon Gebrauch gemacht wird:

- *Cajun-Würzmischung*
- *Memphis-Rub*
- *Karibische Jerk-Würzmischung*
- *Southwestern-Würzmischung*

Zum Trockenmarinieren massieren Sie das Rub gleichmäßig ins Grillgut ein. Zum Einwirken reicht meist schon eine Stunde (natürlich im Kühlschrank), aber auch mehrere Stunden oder über Nacht schaden nicht. Man kann Rubs auch mit etwas Öl zu einer Paste vermischen, um das Grillgut damit zu bestreichen. Tipps dazu sowie unrere würzigen Rub-Rezepturen erwarten Sie ab Seite 199.

„Mischen possible“: Unsere selbstgemixten Rubs und Würzmischungen für alle Lebenslagen und getrocknete Chilis in Reinform – ganz, geschrotet und gemahlen.

Getrocknete Chilis schroten und mahlen

Egal ob zur puren Verwendung oder als Zutat für die oben genannten Würzmischungen – sofern Sie ganze getrocknete Chilis gekauft oder selbstgezogene getrocknet haben, können Sie natürlich auch Ihr eigenes Pulver herstellen.

Kleinere getrocknete Chilis wie *Cayenne*, *Birdeye* oder *Habanero* lassen sich im Mörser zu Flocken zerreiben, die dann außer auf Pizza und in Salsas etwa in Grill-Marinaden Verwendung finden. Auch Chipotle lassen sich im Mörser zerkleinern, wenn man sie vorher in der Pfanne trocken anröstet. Wie beim Kaffee schmeckt‘s am besten, wenn das Mahlen der Chilis und anderer Gewürze erst kurz vor der Verwendung geschieht.

Für feineres Chili-Pulver können Sie auch eine saubere elektrische Kaffeemühle verwenden. Ihren Kaffee sollten Sie dann erst nach gründlicher Reinigung mahlen, oder eine separate Mühle verwenden; selbst ganz billige erfüllen hier ihren Zweck.

Die Stiele und Kelche sollten vor dem Mahlen oder Schroten grundsätzlich entfernt werden.

Achten Sie darauf, den Staub der scharfen Sorten nicht einzuatmen, sonst heißt es „Husten, wir haben ein Problem!“

Tipp: Elektromühle nach dem Chili-Mahlen einfach mit etwas trockenem Reis durchmahlen!

Ein Mörser leistet gute Dienste bei der Herstellung von Chiliflocken und beim Zerkleinern von Koriandersaat, Kreuzkümmel usw.

Wer öfter Chilis zu Pulver mahlt, womöglich die eigene getrocknete Ernte, sollte sich hierfür eine Extra-Kaffeemühle zulegen, sonst gibts anschließend „Hot Coffee".

Einweichen – Chilis fast „wie neu"

Größere getrocknete Chilis wie *Ancho*, *Pasilla* oder *New Mexicans* kann man durch leichtes Rösten auffrischen und dann einweichen; in dieser Form finden sie in vielen mexikanischen Rezepten Verwendung; Sie können die Schoten dann zum Beispiel für Soßen pürieren. Die dickfleischigen großen Sorten sind meist ohnehin ein wenig weich. Hier entfernt man zunächst Samen und Innenwände und zerpflückt dann die Schoten in etwa gleich große Stücke, die man auf dem Backblech (220 °C) oder trocken in der Pfanne kurz röstet. Nachdem sich die eine Seite farblich leicht verändert und zu knistern beginnt, dreht man die Stücke um und röstet sie auch kurz von der anderen Seite. Nicht anbrennen lassen, sonst schmecken sie bitter! Anschließend weichen Sie die angerösteten Stücke 20 bis 30 Minuten in warmem Wasser ein.

Haben Sie ganze getrocknete Chipotle zur Hand und ein Rezept verlangt nach *Chipotle in Adobo Sauce*, weichen Sie die trockenen Chilis einfach für ein paar Stunden in Wasser ein, dann werden auch sie wieder weich.

Getrocknete Habaneros weicht man ebenfalls unzerkleinert für 20 Minuten ein; zerteilt und von ihren „Innereien" befreit lassen sie sich dann wie frische Schoten verwenden.

Verwenden Sie getrocknete Chilis als Ersatz für frische, benötigen Sie gewichtsmäßig weniger davon.

Erfahrungsgemäß können Sie dabei von folgenden Anhaltswerten ausgehen: Dünnfleischige Chilis haben etwa ein Drittel des Frischgewichtes.

Dickfleischige kommerziell getrocknete Chilis wiegen etwa 10% des Frischgewichtes, weil aus ihnen beim Trocknen mehr Wasser entweicht. Nach dem Einweichen haben getrocknete Chilis wieder nahezu ihr ursprüngliches Gewicht.

Chipotle kann man in warmem Wasser einweichen.

Beachten Sie, dass scharfe Chilis durch das Trocknen nichts an Schärfe eingebüßt haben – im Gegenteil! Hier gelten also ebenfalls die weiter vorne für frische Chilis empfohlenen Vorsichtsmaßnahmen.

Insbesondere bei sehr scharfen Sorten sollten Sie erst einmal etwas weniger nehmen als im Rezept angegeben; „Nachlegen" können Sie immer noch, nachdem Sie gekostet haben.

Chilis haltbar machen

Wer selber Chilis anbaut und dabei einen guten Job macht, kann sich im Spätsommer über eine üppige Ernte freuen – meist mehr, als man kurzfristig verbrauchen kann. Zum Glück gibt's vielfältige Möglichkeiten, den Erntesegen zu konservieren: Je nach Sorte können Sie Ihre Schoten einfrieren, trocknen, sauer einlegen und sogar räuchern.

Darüber hinaus gibt es natürlich auch diverse Zubereitungen, in denen Chilis lange haltbar sind, zum Beispiel als Hot Sauce (siehe Rezepte). Für unsere Barbecue-Zwecke sind vor allem zwei Techniken interessant, nämlich Einfrieren und Trocknen.

Chilis Einfrieren

Besonders die dickfleischigen Sorten wie Paprika, Feher, Anaheim, Jalapeño und Serrano eignen sich ganz hervorragend zum Einfrieren. Wie bei jedem anderen Gemüse sollte man dazu nur knackig frische, also keine welken Exemplare verwenden; auch sollten die Schoten keinerlei Schadstellen aufweisen. Blanchieren (= kurzzeitiges Erhitzen in kochendem Wasser) ist nicht erforderlich. Große Früchte (Gemüsepaprika, Poblano, Cubanelle etc.) halbieren Sie einfach. Nachdem Sie Stiel, Samen und Innenwände entfernt haben, legen Sie die Hälften platzsparend ineinander und frieren sie in einer gefriertauglichen Kunststofftüte ein (besonders praktisch sind Reißverschlussbeutel, die sich nach dem Entnehmen von Teilmengen bequem wieder verschließen lassen). Je nach geplantem Verwendungszweck können Sie Ihre Paprika auch in grobe oder feine Streifen schneiden.

Kleinere Chilis wie Jalapeño, Anaheim und Feher können Sie im Ganzen, als Ringe oder – von Stielen, Samen und Innenwänden befreit – in Streifen oder fein gewürfelt einfrieren. Besonders wenn Sie scharfe Chilis zur Zubereitung frischer Salsas einfrieren, ist es einfacher, sie vorher zu würfeln als nach dem Auftauen, wenn sie weicher sind. Auch hier erlauben wiederverschließbare Beutel oder Kunststoffgefäße die portionsweise Entnahme.

Damit im Ganzen eingefrorene Habaneros, Jalapeños etc. ihre Form behalten und gut einzeln entnehmbar sind, können Sie sie, gewaschen und gut abgetrocknet, auf ein Tablett legen und für eine Stunde frosten; dann füllen Sie sie in einen Beutel oder ein Gefriergefäß.

Eingefroren halten sich Chilis locker ein Jahr, lang genug also, um den Bedarf an „heißer Ware" bis zur nächsten Saison zu überbrücken. Die Schärfe der Schoten bleibt beim Einfrieren übrigens voll erhalten; der Wirkstoff Capsaicin wird weder durch Frost noch durch Erhitzen verändert oder zerstört.

Planen Sie, größere Früchte – zum Beispiel Poblano – nach dem Auftauen zu füllen oder für Soßen zu pürieren, sollten Sie sie auch schon vor dem Einfrieren abhäuten (siehe Seite 22).

Tipps für eingefrorene Chilis

- Am besten lassen sich eingefrorene Chilis schneiden, wenn sie noch nicht völlig aufgetaut sind.
- Auch zubereitete Chili, Paprika & Co. lassen sich einfrieren; die Haltbarkeit ist dann jedoch geringer (mit Hack gefüllte Paprika zum Beispiel etwa 3 Monate).

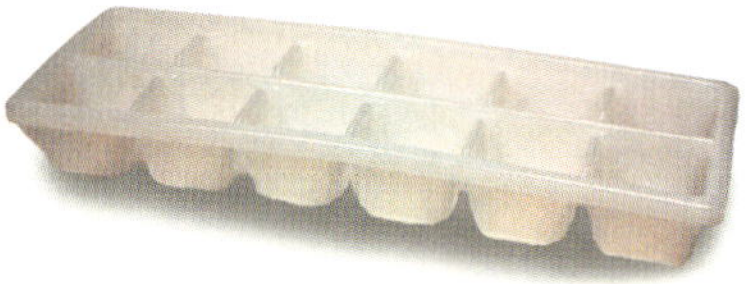

- Gehäckselte oder pürierte Chilis lassen sich bequem portionsweise entnehmen, wenn man sie in einem Eiswüfelbehälter einfriert, den man in einen wiederverschließbaren Kunststoffbeutel steckt. Das gilt natürlich auch für geröstete Green Chilis.

Chilis trocknen

Durch das Trocknen lassen sich Chilis nicht nur haltbar machen; dies ist auch ein erforderlicher Zwischenschritt für das Mahlen zu Pulver oder das Zerstoßen zu groben Flocken. Während sich dickfleischige Sorten nur in speziellen Lebensmittel-Trockenschränken oder Dörrgeräten trocknen lassen, kann dies bei dünnfleischigen Chilis wie Cayenne, Thai oder Birdeye auch ohne Hilfsmittel geschehen. Das Trocknen an der Luft dauert allerdings Wochen und kann an unserem Klima scheitern; Süditalien ist halt weit weg ...

Alternativ kann das Trocknen im Umluft-Backofen geschehen; hier dauert dies bei eingeschaltetem Lüfter und auf niedrigster Stufe, versteht sich, nur wenige Stunden (laufend kontrollieren!). Mikrowellenherde sind zum Trocknen nicht geeignet.

Am besten eignet sich zum Trocknen ein Dörrgerät, besonders für dickfleischige Sorten. Die Funktionsweise ist einfach: Im Unterteil befindet sich eine elektrische Heizung sowie ein Gebläse, das die heiße Luft nach oben durch die Siebböden bläst. Dabei wird den Chilis Wasser entzogen. Je nach Gerät, Chili-Sorte und Anzahl der Etagen kann das Trocknen sechs bis acht Stunden dauern. Daher ist es praktisch, dass einige Geräte über eine Zeitschaltuhr verfügen. Allerdings sollte man den Trockenprozess überwachen, um die Zeit ggf. zu verkürzen oder zu verlängern. Thermostat sowie Temperatureinstellung haben eigentlich alle besseren Geräte.

Wie beim Lufttrocknen sollte man nur superfrische, makellose Chilis verwenden. Die Schoten werden zunächst gewaschen und dann sorgfältig abgetrocknet. Während kleine und schlanke Chilis (auch mit Stiel) getrocknet werden können, sollte man größere Schoten (z. B. Habanero oder Caribbean Red) vor dem Trocknen zerschneiden, zumindest halbieren. Optimal zum Trocknen von Chilis sind 55 bis 60 °C. Die beim Dörren entweichenden Schwaden können ganz schön heftig sein; daher sollte man für gute Raumbelüftung sorgen.

Die getrockneten Chilis sollten rascheltrocken, aber noch ein klein wenig flexibel sein. Nach dem Abkühlen sollten Sie die getrockneten Schoten sofort in ein luftdichtes Gefäß füllen.

Für Chili-Gärtner mit großer Ernte ist ein Dörrgerät eine Überlegung wert. Mehr als zwei Böden braucht man dann aber unbedingt; andernfalls ist das Dörren unrationell, denn die Leistungsaufnahme beträgt je nach Gerät bis zu 750 Watt.

Ein elektrisches Dörrgerät hilft, auch dickfleischigere Chilis zu trocknen.

Verwendung und Aufbewahrung

Damit das Aroma drinnen und ungebetene Gäste draußen bleiben, sollten Sie getrocknete Chilis stets in gut schließenden, am besten luftdichten Gefäßen (zum Beispiel Marmeladengläsern) aufbewahren, zudem vor Licht und Wärme geschützt (Schrank, Keller oder Speisekammer). Gut getrocknete und geschützte Chilis halten sich bis zu mehreren Jahren.

Beachten Sie, dass Motten ganz verrückt nach getrockneten Chilis sind und ihren Weg zur Eiablage durch kleinste Ritzen finden. Wirklich gut schließende Gefäße aus Blech, Kunststoff oder Glas zahlen sich daher aus.

Gewichtsmäßig entsprechen getrocknete, dünnfleischige Chilis etwa einem Drittel frischer Schoten, fleischigere (kommerziell getrocknete) Schoten wiegen etwa 10% des Frischgewichtes. Auch die feurigen Habaneros schrumpfen beim Trocknen gewichtsmäßig auf etwa ein Zehntel. Bedenken Sie dies beim Abwiegen, wenn Sie getrocknete Chilis als Ersatz für frische verwenden. Und denken Sie daran, Hände und Augen zu schützen!

Wie schon erwähnt, können Sie getrocknete Chilis in einer Kaffeemühle zu Pulver vermahlen oder mit einem Mörser zu groben Flocken zerstoßen.

Chipotle selbstgemacht

Wie schon eingangs beschrieben, gibt es eine rauchige Chili-Spezialität namens Chipotle: Rotgereifte Jalapeños, die über Mesquite-Holz langsam geräuchert werden, da sie für reine Lufttrocknung zu saftig sind. Dabei schrumpft ihr Gewicht auf etwa ein Zehntel des Frischgewichtes, wodurch die Schärfe zunimmt. Außerdem zeichnen sich Chipotle vor allem durch ihr unverkennbares rauchiges Aroma aus.

Mit etwas Geschick lassen sich auch eigene Räucher-Chilis produzieren. Dazu benötigen Sie idealerweise einen Barbecue-Smoker, zumindest einen geschlossenen Grill (Kugelgrill).

Wichtig ist eine über den gesamten Zeitraum niedrige Temperatur (möglichst unter 100 °C) und viel Rauch; man wird also mehrmals Glut und Räucherholz nachlegen müssen. Hier gilt es dann zu experimentieren. So klappte das Chili-Räuchern bei uns recht gut:

Zunächst haben wir in der direkten Zone glühende Grillbriketts platziert und diese dann mit Holz bedeckt, das wir, damit es länger räuchert, zuvor ein paar Stunden in Wasser gelegt haben.

Da das Holz das Aroma mitbestimmt, schadet es nicht, verschiedene Sorten auszuprobieren.

Das Räuchern der Chilis geschieht indirekt.

So sehen sie nach 5–6 Stunden Rauch aus.

Zum endgültigen Trocknen gehts noch ins Dörrgerät.

Selbstverständlich sollten Sie nur unbehandeltes, zum Räuchern geeignetes Holz verwenden; wir hatten abgelagertes Apfel- und Kirschholz zur Verfügung. Auch die Grillbriketts sollten natürlich von bester Qualität sein; Puristen nehmen Holzkohle und legen lieber öfter nach.

In der indirekten Zone (bei uns in der Mitte) haben wir dann unsere gewaschenen und halbierten Jalapeños platziert, ebenso einen Poblano, der hier zum Ancho mutieren soll. Auch Habaneros machen sich geräuchert hervorragend!

Wie beim Einlegen sollte man nur frische, einwandfreie Schoten verwenden; schneller geht's, wenn man die Schoten wie im Bild gezeigt halbiert. Damit das Holz möglichst lange Rauch entwickelt, hatten wir die Lüftungsschlitze des Grills nur ein wenig geöffnet. Auf diese Weise qualmte unser „Räucherofen" etwa 6 Stunden lang vor sich hin; es wurden lediglich einmal vorgeglühte Briketts und hin und wieder etwas Räucherholz nachgelegt. Die Räucherchilis blieben danach noch etwas zu weich, aber bei längerer Behandlung wären sie womöglich zu dunkel geworden. Ihren letzten Schliff zum Trocknen bekamen sie daher anschließend im Dörrgerät. Das Ergebnis konnte sich aber sehen, schnuppern und schmecken lassen.

Entscheidend für die Qualität der „Hausmacher-Chipotle" sind Reife, Qualität und Wassergehalt der Chilis, das verwendete Räucherholz, die Rauchtemperatur und die Zeit, der die Schoten Rauch und Wärme ausgesetzt sind. Bedenken Sie, dass Räuchern eine Kunst ist; hier ist Experimentieren angesagt.

Noch bessere Erfolge haben wir mit einem aus zwei Blechdosen gebastelten Kaminaufsatz für unseren Barbecue-Smoker erzielt. Wenn man mit niedrigster Temperatur fährt und die Chilis weit weg von der Feuerbox platziert, ist natürlich auch das Chili-Räuchern in der Garkammer möglich.

Räucheraroma vom Gas- und Holzkohle-Grill

Wo wir schon beim Thema Räuchern sind ... Holzrauch ist nicht nur eines der ältesten Verfahren zur Lebensmittel-Konservierung; er gibt seit jeher auch die richtige Würze. Im Barbecue Smoker sorgt das Brennholz für die begehrte Rauchnote, aber auch im Gas- oder Holzkohlegrill muss man auf feines Raucharoma nicht verzichten. Hierfür werden Holzschnitzel angeboten, auch als *Wood Chips* bekannt; aus geeignetem Holz kann man sie auch selbermachen.

Zur Raucherzeugung in Gas- oder Holzkohlegrill eignen sich Hartholz-Sorten, insbesondere Frucht- und Nussbaumhölzer. Ungeeignet sind Weichhölzer wie Koniferen (Tanne, Fichte etc.). Jegliches Bauholz ist natürlich ebenfalls tabu. Das Holz sollte natürlich trocken und frei von Pilzbefall oder Schädlingen sein. Die Holzart bestimmt maßgeblich das Aroma. Auf der nachfolgenden Seite finden Sie die die wichtigsten Hölzer, und wofür sie sich am besten eignen.

Woodchips im warmen Wasser einweichen ...

... und in ein Alufolien-Paket packen.

Oben ein paar Löcher für den Rauch hineinstechen.

Päckchen nahe Burner bzw. Glut platzieren.

So gehts:

Egal, ob Sie Wood Chips oder „Chunks" (größere Brocken) verwenden, und ob ein Gas- oder Kohlegrill zum Einsatz kommt, gilt es zu beachten:

In der Regel wird *indirektes Grillen* praktiziert. Damit der Rauch einwirken kann, braucht man zudem einen geschlossenen Grill, d. h. bei Holzkohle einen Kugelgrill (Kettle) o. ä., beim Gasgrill muss die Haube geschlossen werden. Und das Ganze darf natürlich nur im Freien geschehen.

Im **Holzkohlegrill** platzieren Sie die Kohle oder Briketts nur in einem Teilbereich. In den nicht beheizten Bereich stellt man am besten eine Alu-Tropfschale (bei längerer Grillzeit etwas Wasser in die Schale geben). Darüber kommt dann auf den Rost das Grillgut. Die zuvor etwa eine Stunde in Wasser eingeweichten Wood Chips kommen direkt auf die Glut – sparsam, und die Haube gleich wieder schließen.

Für **Gasgrills** ist es erforderlich, die eingeweichten Räucherchips in ein Päckchen aus Alufolie zu geben. Im Grill-Fachhandel gibt es auch Smokerboxen aus Metall; der Rauch entweicht durch Öffnungen im Deckel. So geht das Alu-Päckchen:

Die Holzchips ca. eine Stunde in Wasser einweichen, dann abtropfen und in die Mitte eines ca. 15–20 cm breiten Alufolien-Streifens legen. Streifen nach oben mittig zufalten, an den Enden mehrfach umfalzen und mit Gabel oder spitzem Messer von oben Löcher hineinstechen.

Das Paket dann möglichst nahe über jenem Gasbrenner platzieren, der eingeschaltet bleibt (das Grillgut kommt fürs indirekte Grillen über einen ausgeschalteten Brenner).

Timing ist alles: Ab einer bestimmten Erhitzung produziert das Holz Rauch, aber nicht unbegrenzt und nicht ewig. Wichtig ist daher zum einen der Zeitpunkt, zu dem man Holz oder Smokerbox über Glut bzw. Brenner gibt, und dass der Grill möglichst geschlossen bleibt. Öffnen Sie ihn also nur, wenn Sie das Grillgut wenden wollen oder nach der angegeben Grillzeit das Fleisch (oder den Fisch) testen möchten.

Rauchige Rezeptideen:

- *Mesquite-smoked Coffee Chicken* (Seite 78)
- *Best Ribs Ever* (Seite 42)

Grillen, Rauch und Chilis ... das Holz macht's

Hier die wichtigsten Holzsorten, ihre charakteristischen Merkmale, und wofür sie sich besonders eignen. Kombinieren Sie ruhig, zum Beispiel ist Nussbaumholz interessant im Mix mit Obsthölzern wie Apfel. Wir mixen zum beispiel gerne Apfel mit Mesquite, weil uns Mesquite alleine zu kräftig ist. Ein US-Hersteller bietet sogar Mischungen an, etwa „Beef": Hickory, Eiche und Mesquite.

Holzsorte	Rauch-Charakteristik	Besonders geeignet für:
Ahorn (Maple)	Rauchig-mild, süßliche Note.	Schwein, Geflügel, Wildgeflügel
Apfel (Applewood)	Leicht süß und fruchtig (aber natürlich nicht nach Äpfeln); sehr vielseitig verwendbar. Das beliebteste Obstholz für BBQer.	Schwein, Geflügel, Fisch (insbes. Lachs), Gemüse. In USA für Bacon und Schinken verbreitet. Habaneros (Tipp!)
Buche (Beech)	Das typische Aroma, wie man es hierzulande von Räucherfisch und vielen Wurst- und Schinkenspezialitäten kennt.	Alle Fleischsorten, Fisch, Gemüse
Eiche (Oak)	Kräftiges Raucharoma, das aber nicht „überpowert", Chili-Fans kennen die Geschmacksnote von Pimentón de la Vera – die hierfür verwendeten rotgereiften Jalapeños werden traditionell mit Eiche geräuchert	Rind, Lamm, Wurst, Gemüse, Chili (auch milde Sorten)
Erle (Alder)	Mild, feines Raucharoma, nicht zu kräftig. Typisches „Räucherschinken-Aroma".	Geflügel, Lachs, Seafood, Gemüse
Hickory	Typisches Aroma von Bacon (dünn geschnittener Speck), wie man ihn in den USA bekommt. Wie Mesquite sehr kräftig.	Rind, Schwein, Lamm, Ribs
Kirsche (Cherry)	Leicht süß und fruchtig; etwas schwerer als Apfelholz, dennoch eher mild.	Alle Fleischsorten (besonders helle Sorten wie Schwein, Kalb, Geflügel), Fisch
Mesquite	Der Texas-Klassiker. Kräftiges, sehr starkes Raucharoma. Chili-Fans kennen die Geschmacksnote von Chipotle – die hierfür verwendeten rotgereiften Jalapeños werden meist mit Mesquite geräuchert.	Rind, Schwein, Geflügel, Wild, Gemüse, Chilis
Pecan	Nussig und süß, ähnlich Hickory, aber nicht ganz so kräftig, daher weniger Gefahr, dass das Raucharoma zu streng wird. Bisweilen auch für Chipotle genutzt.	Lamm, Schwein, Pute, Fisch
Walnuss (Walnut)	Nussig und süß	Dunkles Fleisch (Rind, Bison, Wild, Strauß)
Whiskey-Fass (gebraucht)	Käftig (meist Eiche), mit erkennbarer Whiskey-Note, z. B. Jack Daniels	Alle Fleischsorten
Zitrus	Scharf mit erkennbarer Zitrusnote	Schwein, Geflügel, Fisch, Wildgeflügel

Nun aber zu den Rezepten!

Nachdem Sie jetzt alles Wichtige über Chili, Paprika & Co. kennengelernt haben, kommen wir nun endlich zu den Rezepten. Die haben eines gemein: Als Zutat finden in irgendeiner Form Chilis oder ihre milden Verwandten Verwendung. Aber stets in einer Form und Dosierung, dass sie das jeweilige Rezept kulinarisch bereichern, nicht einfach um des „Brennwerts" willen.

Die Schärfeskala von 1 bis 10 auf Seite 12 hilft, die verwendeten Chilis zu beurteilen. Zur Schärfe-Charakterisierung der Menüs selbst wurde eine etwas andere Einteilung gewählt, denn kaum eine Speise ist schärfer als etwa „6". Selbst pure *Tabasco® Red Pepper Sauce* wäre auf der 1–10er Skala nur im Bereich „5" zu finden, obwohl die verwendeten Schoten selbst im 9er-Bereich angesiedelt sind. In der Soße ist die Schärfe natürlich stark verdünnt, und dasselbe passiert bei den Speisen natürlich ebenfalls. Daher reicht für unsere Grillrezepte eine Schärfe-Klassifizierung in drei Stufen völlig aus.

Zu jedem Rezept gibt daher eine Reihe von Chili-Symbolen an, wie scharf es in etwa ist:

Mild, daher auch für alle geeignet, die es nicht sooo scharf mögen.

Pikant – das „Mittelfeld".

Feurig – speziell für geübte Scharfesser empfohlen.

Nachlegen kann man immer noch ...

Beim Dosieren der scharfen Schoten (und daraus hergestellter Gewürze) sollten Sie Vorsicht walten lassen. Chili-Fans gewöhnen sich schnell an die Schärfe, die Gästen womöglich zu schaffen macht oder gar den Spaß an Ihren liebevoll zubereiteten Speisen verdirbt. Außerdem soll Ihr Essen ja nicht zur Mutprobe geraten. Besonders bei sehr scharfen Sorten sollten Sie im Zweifelsfalle erst einmal etwas weniger nehmen als im Rezept angegeben; „Nachlegen" können Sie immer noch, nachdem Sie gekostet haben. Entfernen Sie bei Bedarf wie weiter vorne angegeben das komplette Innenleben der Schoten (Trennwände, Kerne); es enthält den größten Teil des Schärfewirkstoffs Capsaicin.

Stichwort Fleischqualität

In diesem Buch finden Sie auch eine ganze Reihe vegetarischer Rezepte, aber meist kommt beim Barbecue ja doch Fleisch auf den Rost. Erlauben Sie uns dazu ein paar persönliche Empfehlungen.

Nach allem, was wir als aufmerksame Menschen heute über „moderne" Massentierhaltung wissen, fällt es uns schwer, Billigware vom Discounter zu konsumieren. Wir essen deutlich weniger Fleisch als früher, und wenn, wann immer möglich **in Bio-Qualität**, wie etwa *Bioland* oder *Demeter*. Bioland-Weiderinder kommen aus der Region, d. h. den Tieren bleiben endlose stressige Transporte erspart. Im Falle der Metzgerei unseres Vertrauens hier in der Bodensee-Region stammen alle Rinder von umliegenden Biolandhöfen aus Oberschwaben. Außer einer artgerechten Tierhaltung nach strengsten Kriterien erhalten sie ausschließlich Futter aus ökologischem Anbau. Und da diese Weiderinder ohnehin von Natur aus widerstandsfähig sind, so unser Metzger, brauchen sie auch keine vorbeugenden Mittel wie Fütterungsantibiotika oder Wachstumsförderer. „Bio können wir uns nicht leisten" zieht auch nicht; der Unterschied ist eher gering.

Nicht anders sieht es bei Geflügel aus; schlimme Massenhaltung und Antibiotika im Futter kommen nicht aus den Schlagzeilen. Geflügel kaufen wir daher gerne auf dem Wochenmarkt direkt vom Erzeuger, der seine Tiere anständig aufzieht. Die bessere Qualität sieht (und schmeckt) man selbst bei Chicken Wings.

Auch beim Gemüse verdienen Ihre lokalen Bio-Bauern Ihre Unterstützung – bei Wind und Wetter stehen sie schon früh morgens auf dem Markt, und oft sind sie es, die sich auch mal an „exotische" Chilis wagen.

Schweinemedaillons mit Smoky Plum Glaze

Schweinefilet auf dem Grill? Der Metzger runzelt die Stirn. Dabei werden die Medaillons dank Marinade, Speckmantel und schonendem Grillen wirklich zart. Die raffinierte Glasur tut ihr Übriges. Und aus dem Rest der Glasur zaubern Sie die passende Soße.

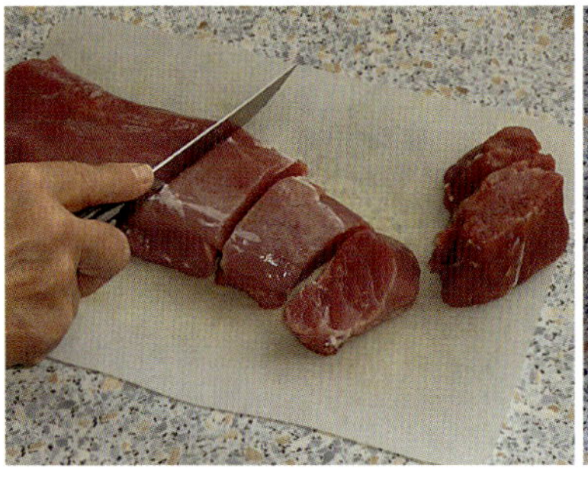

Filet in ca. 4 cm dicke Scheiben schneiden, Scheiben mit einem Messer etwas flach drücken.

Mit der Marinade übergießen, und gekühlt etwa 2–3 Stunden zugedeckt marinieren lassen.

Marinierte Scheiben mit Glaze bestreichen, mit Speck umwickeln und bei mittlerer Hitze grillen.

Zutaten (3–4 Portionen)

- 1 Schweinefilet (ca. 500–600 g)
- 1 Packung Bacon, dünn geschnitten („Frühstücksspeck“)
- 1 Rezept Mediterrane *Marinade* (Seite 195)
- 1 Rezept *Smoky Plum Glaze* (Seite 198)
- 50–60 ml Rotwein (selben wie für die Plum Glaze)

Tipp:

Als Beilage empfiehlt sich das leckere Süßkartoffelpüree (*Mashed Sweet Potatoes*, Seite 134).

So geht's:

1. Filet waschen, trockentupfen und in ca. 4 cm dicke Scheiben schneiden (ergibt ca. 6–8 Scheiben). Scheiben mit einem breiten Messer auf etwa 2,5 cm flach drücken.

2. Filetscheiben in ein flaches nichtmetallisches Gefäß legen und mit der Marinade übergießen, Scheiben darin wenden, so dass das Fleisch rundherum gut bedeckt ist. Gekühlt etwa 2–3 Stunden zugedeckt marinieren lassen.

3. Die marinierten Filetscheiben abtropfen lassen, mit Küchenkrepp gut abtrocknen, den seitlichen Rand mit der Glasur bestreichen und mit je einer Speckscheibe umwickeln; die Glasur dient hier sozusagen als „Klebstoff“. Speckende, falls erforderlich, mit einem Zahnstocher fixieren. Die Oberseiten der Filetscheiben großzügig mit Glasur bedecken.

4. Grill auf mittlere Hitze für direktes Grillen vorheizen und die Filetscheiben auf gut geölten Rost setzen, Glasurseite natürlich nach oben. Da beim Garen Fleischsaft, Fett vom Speck und möglicherweise etwas Glasur heruntertropft, empfiehlt sich die Verwendung einer Edelstahl- oder Alu-Grillschale, ebenfalls gut geölt.

5. Im geschlossenen Grill 15–20 Minuten garen (Fleischkern rosa bzw. gar). Womöglich nach 15 Minuten eine Filetscheibe abnehmen und testweise anschneiden.

6. Aus dem Rest des Smoky Plum Glaze und etwa der gleichen Menge Rotwein unter leichtem Köcheln eine Soße zubereiten.

7. Etwas Soße auf die Teller geben und die Filets darauf anrichten.

Aus dem Rest des Smoky Plum Glaze und etwa der gleichen Menge Rotwein bereiten Sie unter leichtem Köcheln eine perfekt passende Soße zu. Dies kann auf dem Grill oder – wenn vorhanden – auf dem Gas-Sideburner geschehen.

Puerto Rico Pork Sandwich

mit Mojo Sauce

Adobo-mariniertes Schweinefleisch mit karibisch angehauchter Soße

„Adobo“ ist ein spanischer Begriff für Würzmischungen und würzige Marinaden, wie etwa Chipotle in Adobo aus Mexiko. Auf der Karibikinsel Puerto Rico versteht man darunter eine traditionelle Marinade mit Zitrus, Essig, Knoblauch und Gewürzen. Unsere Variante hat Dave DeWitt zur Verfügung gestellt, ebenso die zum Fleisch passende äußerst leckere *Puerto Rico Mojo Sauce* (Seite 170). Das marinierte Schweinefleisch wird langsam gegrillt und als herzhaft-pikantes Sandwich serviert.

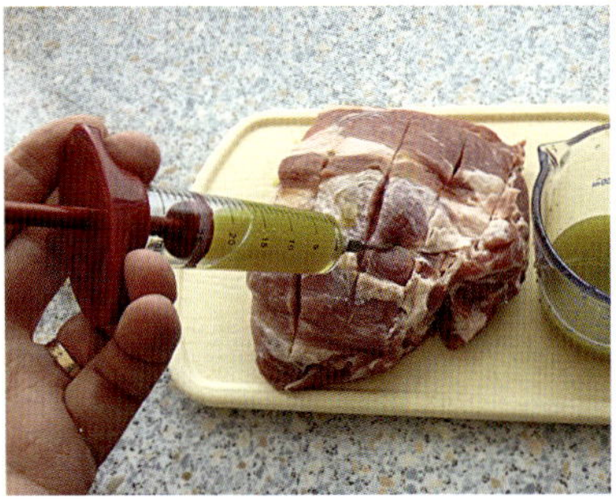

Adobo-Marinade mixen. Bei Verwendung eines Injektors den hierfür vorgesehenen Teil der Marinade durchsieben; sonst verstopft die Nadel. Einen Marinaden-Injektor bekommt man im gut sortierten Barbecue-Fachhandel.

Fleisch in einem geeigneten Gefäß mit der restlichen Marinade übergießen und im Kühlschrank 4–5 Stunden marinieren.

Fleisch indirekt im geschlossenen Grill garen. Tropfschale nicht vergessen! Ein Bratenkorb leistet ebenfalls gute Dienste.

Zutaten (4–6 Portionen)

- 1 kg Schweinefleisch ohne Knochen (Schulter oder Nacken)
- 4–6 Semmeln
- 1 Rezept *Mojo Sauce* (Seite 170)
- Salatbätter zur Garnitur

Adobo-Marinade:

- 200 ml Orangensaft, frisch gepresst
- 35 ml Apfelessig
- 25 ml Limettensaft, frisch gepresst
- 25 ml trockener Sherry oder trockener Weißwein
- 25 ml Sonnenblumenöl
- 3–4 EL Petersilie, gehackt
- 1 kleine Zwiebel
- 2 Knoblauchzehen
- 3 Habanero-Chilis (frisch, ersatzweise eingelegt und abgetropft)
- 2 EL brauner Zucker
- 2 TL Sojasoße
- 1 Lorbeerblatt
- 1 TL Salz
- 1 TL schwarzer Pfeffer, gemahlen

So geht's:

1. Adobo-Marinade: Petersilie, Zwiebel, Knoblauch und Habanero hacken und zusammen mit den Gewürzen und flüssigen Marinaden-Zutaten in einen Mixer geben oder mit einem Stabmixer fein pürieren.
Ca. 50 ml Marinade zum Pinseln abzweigen.

2. Marinieren: Das Fleisch in einem passenden verschließbaren nichtmetallischen Gefäß mit der Marinade übergießen. Das Fleisch wird besonders schmackhaft und saftig, wenn man die Marinade mit einem speziellen Injektor tief ins Fleisch einbringt; alternativ sollte man zum besseren Eindringen der Marinade flache Einschnitte im Abstand von ca. 5 cm vorsehen. Zugedeckt über Nacht, mindestens aber 4–5 Stunden im Kühlschrank marinieren lassen.

3. Grillen: Den Grill für indirektes Garen vorbereiten (Holzkohle: Kohle oder Briketts für 2 Stunden Grilldauer). In die indirekte Zone eine Tropfschale unterstellen.

Nach Ende der Marinierzeit das Fleisch abtropfen lassen, in der indirekten Zone platzieren und bei geschlossenem Grill zwei Stunden garen. Dabei mehrmals mit der abgezweigten Adobo-Marinade pinseln. Der Braten ist gar, wenn seine Kerntemperatur 75 °C erreicht (hier erweist sich ein digitales Thermometer mit Kabel und Sonde als nützlich). Anschließend sollte das Fleisch für ca. 10 Minuten in Alufolie gewickelt ruhen.

4. Mojo Sauce: Während das Fleisch im Grill gart, bleibt Zeit für die Zubereitung der Soße.

5. Das große Finale: Den Braten in dünne Scheiben schneiden. Brötchen der Länge nach auf- aber nicht ganz durchschneiden und mit ein paar Bratenscheiben auf Salatgarnitur füllen. Auf die Bratenscheiben großzügig Mojo Sauce geben. Weitere Mojo Sauce zum Nachlegen auftischen.

Der fertige Braten und die *Mojo Sauce* von Seite 170.

Salsiccia Piccante

Vielen Freunden feuriger Feinkost ist das Hafenstädtchen Diamante in Kalabrien als Europas heimliche Chili-Hochburg bekannt, alljährlich findet hier im September das Peperoncino-Festival statt. Eine der vielen Spezialitäten dort ist *salsiccia piccante*, eine grobe Schweinsbratwurst, gewürzt mit Fenchel und natürlich Peperoncini, den lokalen feurigen Chilis. Sozusagen als süditalienische Version des Hot Dog bekommt man die würzige Wurst oft zusammen mit gewelktem Broccoli-Kraut oder – natürlich unser Favorit! – gerösteten und gehäuteten Peperone-Schoten im knusprigen Brötchen serviert. Salsiccia Piccante wie in Kalabrien ist leider frisch bei uns schwer erhältlich, aber nach einigem Experimentieren gelang es uns, Geschmack und Konsistenz recht gut „nachzubauen“.

Alle Salsiccia-Zutaten zu einem Teig verkneten ...

... und daraus vier flachgedrückte „Würste“ formen, mit Öl pinseln ...

... und bei direkter Hitze (am besten Holzkohle) beidseitig grillen.

Zutaten (4 Portionen)

4 längliche Brötchen

4–8 grüne Chilischoten (italienische Peperone, ersatzweise Spitzpaprika, New Mexican Chilis wie *Anaheim* oder *Sandia*), geröstet und enthäutet, siehe Seite 22.

Für die Salsiccia:

400 g Schweinemett (auch Zwiebelmett eignet sich, sofern nicht zu viel Zwiebel drin ist)

1 frische rote Chilischote (kleine Peperoncino, ersatzweise Thai oder Cayenne)

1 Knoblauchzehe

1 kl. Zwiebel (falls nicht ohnehin Zwiebelmett)

2 TL roter Peperoncino, gemahlen (nur ersatzweise Cayenne)

2 EL Fenchelsaat

1 EL Oregano, getrocknet und gerebelt

1 TL schwarzer Pfeffer, frisch gemahlen

1 Prise Salz (es sei denn, das Mett kommt bereits gesalzen)

3 EL Rotwein

1–2 EL Olivenöl

So geht's:

1. Chilischote, Knoblauchzehe und ggf. Zwiebel fein, Fenchelsaat grob hacken.

2. In einer Schüssel alle Zutaten gut mit dem Mett verkneten, daraus vier „Würste" à 100 g formen, etwas flach drücken (ca. 2 cm Höhe) und rundherum dünn mit Öl einpinseln.

3. Den Grill für direktes Grillen bei mittlerer Temperatur anheizen; Grillrost ein wenig ölen.

4. Die Salsicce offen von beiden Seiten je ca. 5 Minuten grillen, bzw. bis sie durch sind; auch die Schmalseiten kurz bräunen.

5. Jedes Brötchen der Länge nach auf- aber nicht ganz durchschneiden und mit einer Salsiccia und 1–2 gerösteten Chilis füllen.

Tipp: Ein paar mehr Salsicce grillen und einfrieren. Aufgetaut und in Tomatensoße (Sugo) gebrockt einfach herrlich über Spaghetti!

Beliebte Beilage im „Calabria-Hot Dog": Geröstete grüne und rote Peperone.

Salsiccia-Griller auf dem Peperoncino-Festival in Diamante (Kalabrien).

Schweinerouladen Szegedin

Während meiner Studienzeit – lang, lang ists her – gab es in der Mensa des öfteren „Rouladen Szegediner Art“: Schweinerouladen, gefüllt mit Paprikakraut und Speck, pikant gewürzt. Anderswo habe ich derlei nie wieder gesehen, aber da ich gerne daran zurückdenke, haben Renate und ich eine Grillversion ersonnen, die meinem damaligen Mensa-Favoriten recht nahe kommt. Da wir fürs Grillen große und sehr dünne Scheiben brauchten, hat unser netter Metzger schöne lange dünne Stücke vom Rücken geschnitten.

Schnitzel außen salzen und pfeffern, innen mit Paprikasenf bestreichen.

Mit Bacon-Scheiben belegen, darauf Sauerkraut, Zwiebeln ...

... sowie Paprika und scharfe Chili gleichmäßig verteilen.

Zutaten (4 Portionen)

- 4 große dünne Schweineschnitzel à ca. 125 g
- 300 g Weinsauerkraut (oder mehr, als Beilage)
- 1 Packung Bacon (min. 8 dünne Scheiben)
- 1 mittlere Zwiebel, gehackt
- 1 rote Spitzpaprika, gehackt (ca. 100 g)
- 1 scharfe Chilischote, in feine Ringe geschnitten
- 4 EL Senf, mittelscharf
- 2 TL ungarischer Paprika, edelsüß
- 1 TL Salz
- 1 TL schwarzer Pfeffer
- Öl zum Bepinseln der Rouladen

So geht's:

1. Die Schnitzel möglichst schon beim Kauf dünn schneiden lassen, ansonsten vorsichtig zwischen Klarsichtfolie plattklopfen.

2. Außenseite mit Salz und Pfeffer bestreuen.

3. Senf mit Paprikapulver gut verrühren und die Innenseiten der Schnitzel großzügig damit bestreichen.

4. Auf jede mit Senf bestrichene Seite 2 Scheiben Bacon legen, darauf das mit einer Gabel aufgelockerte Sauerkraut gleichmäßig verteilen. Dabei einen ca. 2 cm breiten Rand zum Ende der Roulade hin freilassen.

5. Gehackte Zwiebel, Spitzpaprika und Chili-Schoten-Ringe auf dem Sauerkraut verteilen und das Ganze dann fest aber vorsichtig aufrollen, das Ende mit Zahnstochern feststecken.

6. Die Rouladen rundherum dünn mit Öl (z. B. Sonnenblumenöl) bepinseln.

7. Grill für indirektes Grillen vorbereiten, Grillrost ölen, Tropfschale darunter platzieren.

8. Die Rouladen in der indirekten Zone etwa 30 Minuten grillen. Danach noch 2 x 10 Minuten direkt über die Glut legen, gelegentlich wenden.

Tipp: Dazu schmeckt eine Backkartoffel mit Joghurt-Dressing und gut gewürztes gekochtes Sauerkraut.

Stramm aufrollen und Enden mit Zahnstochern befestigen.

Indirekt bei mittlerer Hitze ca. 30 Minuten zugedeckt grillen.

Dann noch 20 Minuten über der Glut bräunen, gelegentlich drehen.

Best Ribs Ever. ← *sagt Harald ...*

Mhhmmm, Ribs! Am besten schmecken sie, wenn man sie langsam bei niedriger Temperatur gart. Zart und schmackhaft werden sie durchs Marinieren. Beim sogenannten „trockenen Marinieren“ wird das Fleisch mit einer speziellen Würzmischung („Rub“) eingerieben. Erst zum Schluss bekommen sie eine Glasur. Diese würde aufgrund des Zuckergehaltes verbrennen, wenn sie von Anfang an aufgetragen würde.

Immer wieder trifft man auf die Empfehlung, Rippchen vorzukochen. Damit bleibt jedoch viel vom Geschmack und der Substanz in der Brühe, die nachher weggekippt wird. Für zarte Ribs mit tollem Geschmack lieber „low and slow“, nur im Grill oder Smoker!

Besonders zart und lecker werden Ribs aus einem „richtigen“ Barbecue Smoker mit separater Gar- und Feuerkammer. Je nach Fleischigkeit benötigen sie bei 110–120 °C etwa 4 Stunden. Aber auch im normalen Grill klappt es gut, wie Sie hier sehen werden.

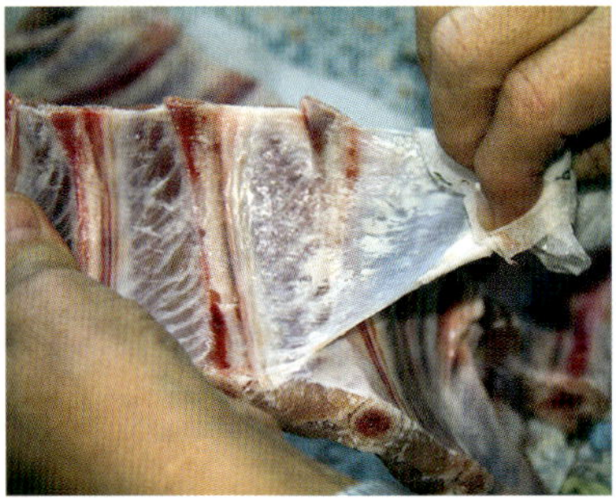

Falls noch nicht vom Metzger erledigt, feste Silberhaut von der Unterseite abziehen.

Rub von allen Seiten gut einmassieren. Gekühlt 2 Stunden bis über Nacht einwirken lassen.

Smokerbox mit eingeweichten Holzchips vorbereiten (z. B. Apfel). Sobald sich Rauch bildet, kommen die Rippchen in den Grill.

So geht's:

1. Rippchen-Seiten waschen und trockentupfen. Sofern Ihr Metzger dies nocht nicht getan hat, die feste Silberhaut auf der Unterseite in einem Stück abziehen (mit einem Stück Küchenpapier greifen, dann geht es leichter). Seiten je nach Bedarf „am Stück" belassen, halbieren oder in Portionsstücke teilen.

2. Rub von allen Seiten gut in die Rippchen einmassieren und sie in ein geeignetes Gefäß mit Deckel oder einen wiederverschließbaren Plastikbeutel geben. 2 Stunden bis über Nacht gekühlt marinieren. Etwa 1 Stunde vor dem Grillen aus dem Kühlschrank nehmen.

3. Grill für indirektes Grillen bei niedriger Temperatur vorbereiten; Tropfschale in die indirekte Zone unter den Rost stellen oder Aluschale über abgeschaltete Gas-Burner legen. Smokerbox wie auf Seite 31 beschrieben vorbereiten und in die direkte Zone stellen; Grill schließen.

4. Sobald sich Rauch bildet, Rippchen bei ca. 120–150 °C ca. 2–3 Stunden* im geschlossenen Grill grillen; Fleischseite nach oben. Grill nicht zu oft öffnen, da jedesmal wertvolle Wärme entweicht und sich die Garzeit verlängert; gelegentlich aber mal nachschauen, ob die Rippchen nicht verbrennen (die Gefahr ist bei trockenem Marinieren etwas größer) und mit Apfelsaft ansprühen.

* bei 150 °C ca. 2 Stunden, bei 120 °C eher 3 Stunden. Je „lower und slower", desto besser.

5. Nach etwa einer Stunde Grillzeit jede Rippchenseite auf ein Stück Alufolie legen, das groß genug ist, es zu einem geschlossenen „Paket" zusammenzufalten. Folienkanten etwas hochbiegen und ein wenig Apfelsaft über die Ribs gießen. Dann das Ganze vorsichtig zu einem Paket schließen (Öffnung nach oben) und wieder auf den Grill legen.

6. 15 Minuten vor Ende der Grillzeit die Rippchen aus den Folienpaketen nehmen, großzügig mit Honey Chipotle Mustard Glaze bestreichen und sie ohne Folie fertiggrillen. Als Beilage passen Bohnen (Seite 132), Cornbread (Seite 144) und ein kühles Bier.

Zutaten (4 Portionen)

- 1,5–2 kg Baby Back Ribs (bei uns „Spare Ribs" oder Schälrippchen genannt), siehe Seite 45 (dicke Rippen), d. h. 1 Rippchen-Seite pro Person
- 100 g *Cajun Rub* (Seite 200)
- 125 ml Apfelsaft
- 1 Rezept *Honey Chipotle Mustard Glaze* (Seite 196)

Nicht zu oft „spicken", aber gelegentlich nachschauen, ob die Ribs nicht verbrennen und mit Apfelsaft ansprühen.

Nach etwa 1 Stunde Grillzeit Rippchenseiten in ein Stück Alufolie wickeln (vorm Verschließen etwas Apfelsaft dazugeben).

15 Minuten vor Ende der Grillzeit Rippchen aus den Folienpaketen nehmen, mit Glaze bestreichen und ohne Folie fertiggrillen.

Ribs „Memphis Style“

Dicke Rippen aus dem Barbecue Smoker

Memphis im Bundesstaat Tennessee ist eine der „Barbecue-Hochburgen“ in den USA. Eine besondere Art der Zubereitung von Schweinerippchen dort ist deren trockene Marinierung. Aus dem Dauerstreit, ob „nass“ (mit BBQ-Sauce mariniert) oder „trocken“ (mit Rub mariniert) besser ist, halten wir uns raus: wir lieben beide! Die Zubereitung erfolgt am besten im Barbecue Smoker. Damit die gerubbten Rippchen nicht austrocknen, werden sie während des Garens wiederholt mit einer Mischung aus Apfelsaft und Apfelessig besprüht, zum Schluss dämpfen wir sie noch in Alufolie eingewickelt.

Ribs mit Memphis-Rub einreiben ...

... und nach mindestens 2 Stunden Marinieren bei einer Garkammer-Temperatur von 110–130 °C smoken.

Nach 2 bis 2,5 Stunden jedes Teil in Alufolie wickeln, etwas Saft-Essigmischung mit hineingeben.

Zutaten (4 Portionen)

1,5 – 2 kg fleischige Rippen (siehe links), vom Metzger in Portionsstücke geschnitten

1 Rezept *Memphis Rub* (Seite 201)

120 ml Apfelsaft

60 ml Apfelessig

Tipp: Riskieren Sie mal eine dicke Rippe! Was bei uns meist unter dem Namen „Spareribs" auf dem Rost landet (wie auch auf Seite 42), heißt in den USA „Baby Back Ribs". Die „echten" Spareribs hingegen fristen bei uns völlig zu Unrecht eher ein Schattendasein. Original Spareribs stammen also nicht vom Rücken (Karree) des Schweins, vielmehr sind dies Schälrippen aus dem oberen Drittel des Bauchs bzw. „Dicke Rippen", die aus der Brustspitze geschnitten werden. Sie sind im Format größer und fleischiger als Karree-Rippchen. Besonders „low and slow" zubereitet werden sie herzhaft, zart und saftig.

Die smoker-typische rote Fleischfärbung („Smoke Ring") verrät schon, wie lecker die Ribs sind!

So geht's:

1. Die Rippchen waschen und trockentupfen.

2. Rub von allen Seiten gut in die Rippchen einmassieren und sie in ein geeignetes Gefäß mit Deckel oder einen wiederverschließbaren Plastikbeutel geben. Mindestens 2 Stunden, besser über Nacht gekühlt marinieren. Etwa 1 Stunde vor dem Smoken aus dem Kühlschrank nehmen.

3. Apfelsaft und Apfelessig zusammen in eine Sprüh- oder Spritzflasche geben.

4. Smoker anheizen. „Wunschtemperatur" ist 110 °C (min. 100 °C, max. 130 °C), Brenndauer ca. 4 Stunden.

5. Rippchen in der Garkammer möglichst weit entfernt von der Feuerkammer platzieren. Nach ca. 1 Stunde Garzeit mit der Apfelsaftmischung ansprühen; alle 30 Minuten wiederholen.

6. Nach ca. 2 bis 2,5 Stunden Garzeit jedes Rippchenteil auf ein Stück Alufolie legen, das groß genug ist, es zu einem geschlossenen „Paket" zusammenzufalten.

7. Die Folienkanten etwas hochbiegen und ein wenig Apfelsaftmischung über die Ribs gießen. Dann das Ganze vorsichtig zu einem Paket schließen (Öffnung nach oben), wieder auf den Rost legen und weitere 2 Stunden garen. Vor dem Servieren 20–30 Minuten in der Folie ruhen lassen. Traumbeilage sind Bohnen (Seite 132), Cornbread (Seite 144) und ein kühles Bier.

Cajun Ribs und Chicken Legs aus dem BBQ Smoker

Cajun Ribs ...

Manche BBQer schwören wie gesagt auf nass, andere auf trocken marinierte Ribs. Hier nochmals eine Trocken-Version. Am Abend vor dem Smoken werden die Rippchen mit *Cajun Rub* (Seite 200) rundherum großzügig eingerieben. Zuvor wird auf der Rückseite die Silberhaut abgezogen, damit das Rub (und nachher der Rauch) gut einziehen kann. Am nächsten Tag kommen die Ribs dann zunächst „nackt" zwei Stunden in den Smoker, bei 110 °C und weit weg von der Firebox. Nach der ersten Stunde werden sie dann alle 30 Minuten mit Apfelsaft besprüht.

Nach zwei Stunden werden die Ribs in Alufolie gewickelt, noch einmal mit Apfelsaft besprüht und es kommt auch etwas Saft zum Dämpfen mit in die Folie. So eingepackt kommen sie nochmals gute zwei Stunden in den Smoker. Rechnen Sie pro Person mit einer Sparerib-Seite.

... und Chicken Legs

Nach demselben Prinzip gibt's auf unserer „Chili-Ranch" auch Hähnchenkeulen aus dem Barbecue Smoker. Die Rub-Mischung ist im Prinzip dieselbe wie bei den Ribs, Brisket (Seite 62), aber ohne den Zucker , also die pure Cajun-Würzmischung (ebenfalls Seite 200). Auch hier geht's zur Halbzeit mit etwas Apfelsaft in der Alupackung weiter. Kalkulieren Sie zwei Keulen pro Esser ein.

Bitte beachten Sie: Geflügelfleisch und auch -knochen weisen häufig die Smoker-typische Rotfärbung auf, was sich bei Bratenstücken als „Smoke Ring" zeigt (siehe auch Seite 46). Klären Sie Ihre Gäste daher gegebenenfalls auf, dass das Fleisch durchaus „durch" ist.

Als Beilagen empfehlen sich auch hier *Cornbread* (Seite 144), *Coleslaw* (Seite 148) und *Cowboy Beans* (Seite 132). Während der Smoker raucht, haben Sie ja viel Zeit ...

Pulled Pork ... ein Barbecue-Sandwich-Klassiker

ebenfalls aus dem Smoker!

Überall in den USA ist Barbecue Country, aber jede Region hat ihre Spezialitäten.

In den Carolinas ist Pulled Pork angesagt. Schweineschulter oder -nacken wird „low and slow“ im Barbecue Smoker gegart, bis das Fleisch extrem zart und mürbe ist.

Dann lässt es sich sogar mit einer Gabel auseinanderziehen (engl. *pull*) und zerpflücken, daher der Name „Pulled Pork“. Das zerkleinerte Fleisch wird mit einer speziellen Senfsoße angemacht und zusammen mit Cole Slaw (amerikanischer Krautsalat) als Sandwich angerichtet.

Eine herzhafte Sache! Wer es einmal probiert hat, wird den Zeitaufwand nicht scheuen, immer wieder mal Pulled Pork zuzubereiten. Denn eines sollte klar sein: Dies ist nichts für Ungeduldige oder Leute mit wenig Zeit. Das Fleisch gart „low and slow“ zehn Stunden und mehr im Barbecue Smoker vor sich hin, und die Temperatur muss während der gesamten Garzeit gleichmässig bei ca. 110 °C gehalten werden. Eine gute Gelegenheit, ein Buch zu lesen, Smokerholz zu hacken, mit netten Leuten zu plaudern und womöglich das eine oder andere Erfrischungsgetränk zu verinnerlichen ...

Pulled Pork ...

Zutaten (3–6 Portionen)

- Schweineschulter oder –nacken, 1,5 bis 3 kg am Stück (darunter lohnt es nicht, darüber nimmt die Garzeit arg zu)
- 1 Rezept *Memphis Rub* (Seite 201)
- 120 ml Apfelsaft
- 60 ml Apfelessig

Für Pulled Pork Sandwich:

- 1 Rezept *South Carolina Mustard Sauce* (Seite 172)
- 1 Rezept *Spicy Cole Slaw* (Seite 148)
- Pro Esser eine Semmel

Außerdem benötigt man ein Fleisch-Thermometer, um die Kerntemperatur zu kontrollieren. Es empfiehlt sich ein digitales Gerät mit Sonde. Hier gibt es sogar Ausführungen mit zwei Sensoren – einem für die Garkammer (nahe am Rost anzubringen), und einem fürs Fleisch.

Im zweiten Bild unten sehen Sie die beiden Sonden im Einsatz: eine am Grillrost, die andere im Fleisch.

Das Fleisch verliert beim Smoken Fett und Wasser und büßt daher etwa ein Viertel bis ein Drittel seines Rohgewichtes ein. Kalkulieren Sie dies in die Anzahl der benötigten Portionen mit ein.

Da die tatsächliche Garzeit bis zum Erreichen der Kerntemperatur im Vorhinein schwer abzuschätzen ist, sollten Sie möglichst zeitig anfangen. Gegebenenfalls auch Schichtwechsel einplanen.

Während die Kerntemperatur des Fleisches mit der Garzeit stetig zunimmt, erreicht sie bei einem gewissen Zeitpunkt einen Wert, der einfach nicht mehr steigen will (die sogenannte *Plateauphase*), typischerweise nach ca. 6 Stunden, das ist aber bei jedem Stück je nach Zusammensetzung und Gewicht unterschiedlich.

Jetzt nicht die Nerven verlieren und nachfeuern oder das Fleisch vorzeitig aus dem Smoker nehmen! Wird schon!

Nach etwa einer Stunde geht's weiter aufwärts. Es können sogar zwei Plateau-Phasen auftreten, eine zwischen 65 °C und 70 °C, eine zweite um die 80 °C. Einfach weiter die Garkammer-Temperatur schön konstant halten ...

Rub-Mix gründlich ins Fleisch einmassieren und am besten über Nacht gekühlt marinieren.

Smoker auf 110 °C Garkammer-Temperatur bringen und Fleisch mit Thermo-Sensor einlegen.

Nach ca. 2 Stunden mit der Apfelsaftmischung ansprühen; alle 30–45 Minuten wiederholen.

So geht's:

1. Fleisch waschen und trockentupfen.

2. Rub von allen Seiten gut einmassieren und das Fleisch in ein geeignetes Gefäß mit Deckel oder einen wiederverschließbaren Plastikbeutel geben. Mindestens 3 Stunden, besser über Nacht gekühlt marinieren. 1–2 Stunden vor dem Smoken aus dem Kühlschrank nehmen – direkt aus dem Kühlschrank bedeutet 1 Stunde länger Smokerzeit!

3. Apfelsaft und Apfelessig zusammen in eine Sprüh- oder Spritzflasche geben.

4. Smoker anheizen. „Wunschtemperatur" ist 110 °C (min. 100 °C, max. 130 °C), genug Holz für eine Brenndauer von 9 bis 11 Stunden bereitlegen.

5. Fleisch in der Garkammer möglichst weit weg von der Feuerkammer platzieren. Falls ein Digi-Thermometer verwendet wird, bereits jetzt die Sonde in die dickste Stelle des Stücks stecken.

6. Nach ca. 2 Stunden Garzeit erstmals mit der Apfelsaftmischung ansprühen; alle 30 bis 45 Minuten wiederholen. Und immer die Garkammertemperatur im Auge behalten – übersteigt sie nennenswert 130 °C, ruinieren sie mit Chance Ihr Fleischstück, da nur bei der niedrigen Temperatur der erwünschte Zerfall der Fleischfasern stattfindet.

7. Hat das Fleisch eine Kerntemperatur von 90 °C bis 95 °C erreicht ist es fertig. Aus dem Smoker nehmen und eine Stunde fest in Alufolie gewickelt ruhen lassen.

8. Pulled Pork Sandwiches:
Semmeln halbieren, großzügig mit Pulled Pork belegen, nach Belieben *South Carolina Mustard Sauce* und zuletzt *Spicy Cole Slaw* draufgeben, obere Semmelhälfte auflegen und ohne Kiefersperre genießen.

Tipps:

Kommen Sie nach der langen Garzeit nicht mehr zum „Pullen", kann man das erkaltete Fleisch am nächsten Tag in einem geeigneten Folienschlauch oder -beutel vakuumieren und in heißem (aber nicht kochendem) Wasser etwa eine Stunde erwärmen. Dann lässt es sich „wie frisch gesmoked" zerpflücken.

Übrig gebliebenes Pulled Pork lässt sich hervorragend einfrieren und außer für Sandwiches zum Beispiel die *Bohnensuppe nach Anasazi-Art* (Seite 64) verwenden.

Temperatur im Auge behalten. Nur im Niedrigtemperaturbereich zersetzt sich das Bindegewebe.

Nach Erreichen der Temperatur und einer Ruhephase lässt sich das Fleisch leicht zerpflücken.

Zum klassischen Pulled Pork Sandwich gehört die „South Carolina Mustard Sauce".

GREEN CHILE CHEESEBURGER

Jetzt kommt frischer Pepp in die klassischen Hamburger. Die Schreibweise *Chile* deutet schon an, aus welcher Richtung, nämlich New Mexico. Der südwestliche US-Bundesstaat ist nicht nur das Chili-Hauptanbaugebiet der USA, dort sind Green Chiles praktisch Grundnahrungsmittel. Die langen Schoten werden grün geerntet und in großen Drahttrommeln über kräftigen Propangasbrennern geröstet. Die zähe Haut lässt sich dann abziehen und die Chilis, pardon, Chiles bekommen ein sagenhaftes Röstaroma, das süchtig macht. Die Green Chiles gibts einfach so als Beilage zu fast allem, als Stew gekocht, und sie machen aus einem gewöhnlichen Burger den beliebten Green Chile Cheeseburger – herzhaft und saftig.

Chilis bei hoher Temperatur über direkter Glut rösten ...

... und enthäuten und entkernen (mehr dazu auf Seite 22)

Burger-Patties formen und grillen, Käsescheibe kurz auflegen, Buns toasten, Burger zusammenbauen.

Zutaten *(4 Burger)*

4 Hamburger-Buns (ersatzweise möglichst große Brötchen)

750 g Rinderhack, ca. 15–20% Fettgehalt

2–3 grüne New Mexican Chilis (Alternativen siehe unten)

2 TL New Mexican Red Chile (Ersatz: Peperoncino), gemahlen

1 TL Salz

1 TL Kumin (Kreuzkümmel), gemahlen

1 TL schwarzer Pfeffer, frisch gemahlen

4 Scheiben Schmelzkäse oder Cheddar

8 Salatblätter (z. B. Romana), gewaschen und getrocknet

Optional: 1 große Tomate,
1 große rote Zwiebel

So geht's:

1. Das Rinderhack mit den Gewürzen gründlich vermengen und vier gleichmäßige runde, ca. 2 cm dicke Burger-„Patties" formen; kalt stellen.

2. Den Grill für direktes Grillen bei großer Hitze vorbereiten. Die grünen Chilis waschen, trocknen und wie auf Seite 22 beschrieben auf dem Grill rösten und enthäuten. Stiel und Innenleben entfernen, Chilis in ca. 1 cm breite Streifen schneiden.

3. Burger-Patties beidseitig leicht einölen und von beiden Seiten jeweils 4–5 Minuten grillen. Etwa 2 Minuten vor Schluss die Käsescheiben auflegen.

4. Etwa 1 Minute vor Schluss die Brötchenhälften mit der Schnittseite nach unten auf dem Grillrost dazulegen und leicht antoasten (Achtung, das geht sehr schnell!)

5. Den Burger zusammenbauen: Salatblätter auf die untere Brötchenhälfte, dann das gegrillte Pattie mit dem Käse darauf, und das Ganze getoppt mit reichlich Green-Chile-Streifen. Wer seinen Burger klassisch möchte, legt jetzt noch eine Tomatenscheibe und Zwiebelringe auf. Nun noch die obere Brötchenhälfte aufsetzen, und guten Appetit!

Tipp: Die gerösteten Chili-Streifen lassen sich auch gut portionsweise einfrieren, sodass man sie das ganze Jahr hindurch für Green Chile Cheeseburger zur Verfügung hat.

In manchen Nex Mexican Restaurants werden die Chilis für die Burger gehackt und zu einer Art Relish verarbeitet – Puristen legen aber reine geröstete Schoten auf den Burger. Sollten Sie keine New Mexican Chilis bekommen (oder selber anbauen), schmeckt dieser Burger auch mit gerösteten frischen Poblano, grünen Spitzpaprika, italienischen Peperone oder türkischen Varianten vom Wochenmarkt.

Chili-Röster in Hatch, New Mexico. In Drehtrommeln werden die Green Chiles über kräftigen Propangasbrennern schnell geröstet. Zuhause klappt es auch auf dem Grill.

Armadillo Eggs

Der texanische Klassiker, normal oder nuklear

In Texas sind Gürteltiere wildlebend und weit verbreitet. Ihr Überlebenskunststück besteht darin, sich bei drohender Gefahr in ihrem Panzer zu einer Kugel einrollen zu können, diese Form hat den texanischen Grill-Leckerbissen den Namen gegeben (Eier legen Armadillos als Säugetiere natürlich nicht).

Das Prinzip der „Gürteltier-Eier" ist einfach: Frische Jalapeño-Chilis werden ausgehöhlt, mit Käse gefüllt, mit Hackfleisch umhüllt, in der „Deluxe-Version" noch mit Speck umwickelt, fertig ist das „Ei". Dieses wird dann gegrillt, bis das Hack durch und der Speck knusprig ist. Geneigte Chiliheads sorgen mit anderen Chilisorten für Abwechslung und glasieren zum Schluss mit Barbecue Sauce. Warm und kalt sind die Armadillo Eggs eine Delikatesse.

Tipp: Verschärftes fürs Brunch-Buffet

Wie schon erwähnt schmecken die Armadillo Eggs sowohl heiß vom Grill als auch kalt ganz vorzüglich. Kalt haben sie den Vorteil, dass sie sich in hübsche Scheiben schneiden lassen. Zusammen mit anderen Leckereien lassen sich damit eine schöne Platte anrichten, die bei Ihren Gästen garantiert Beifallsstürme auslösen wird.

In unserem Beispiel erkennt man auch, dass außer Jalapeño-Eiern welche mit Habaneros aufgetischt wurden. Ob Sie Ihre Gäste vorher entsprechend informieren, überlassen wir Ihnen. ;-)

Zutaten *(6 Stück)*

- 6 Frische Jalapeños und/oder andere frische Chilis (jeweils ein Chili pro „Ei")
- 500 g Hackfleisch (wir nehmen gerne Rind/Schwein gemischt)
- Ca. 100 g geriebener würziger Käse (z. B. Emmentaler, Cheddar)
- 2 EL Semmelbrösel
- 1 Ei
- 1 scharfe rote Chili, oder 1–2 TL Chili oder Chipotle gemahlen
- 2 EL Korianderkraut (Cilantro), gehackt
- Pfeffer und Salz
- 1 Packung Bacon („Frühstücks-speck"), min. 12 dünne Scheiben

So geht's:

1. Chilis waschen, rote Chili entstengeln und fein hacken

2. Für die Hackmischung Hack, Semmelbrösel, Ei, gehackte rote Chilischote, gehackte Korianderblätter sowie etwas Pfeffer und Salz gut vermengen.

3. Von den Jalapeños die Kappe abschneiden und das Innenleben der Chilis vorsichtig entfernen (hierbei ist ein Apfelentkerner sehr hilfreich).

4. Jalapeños mit geriebenem Käse stramm füllen.

5. Gefüllte Jalapeños mit ca. 1 cm dicker Hackschicht rundherum gleichmäßig ummanteln

6. Die so entstandenen „Eier" stramm mit je zwei Scheiben Speck umwickeln

7. Grill für indirekte Hitze vorbereiten, Grillrost ölen.

8. Die Armadillo-Eier 15 bis 20 Minuten grillen, dabei 1–2 mal wenden. Das Hack muss durch sein (Kerntemperatur 72–75 °C), der Speck knusprig (zum Schluss noch einmal kurz von allen Seiten direkt grillen).

9. Je nach Gusto ca. 5 Minuten vor Schluss mit Ihrer Lieblings-BBQ-Sauce glasieren (feuerfester Pinsel).

Chilis entkernen, stramm mit Käse füllen. Hack anmischen und die Chilis damit ummanteln. Gut andrücken.

Die „Eier" dicht mit dem Speck umwickeln und indirekt grillen, zum Schluss kurz direkt für knusprigen Speck.

Beef Short Ribs

Rinderrippchen sind nicht so bekannt wie Ribs vom Schwein, richtig zubereitet aber ebenfalls sehr schmackhaft. Falls Ihr Metzger mit dem amerikanischen Begriff *Short Ribs* nichts anfangen kann – dies sind praktisch die vom Ribeye ausgelösten Rippen, kurz abgeschnitten mit etwas Fleisch daran. Viel zu schade, als nur in der Suppe zu landen! Durch den Ananassaft in der Marinade wird das Fleisch schon mal zarter, den Rest erledigt das langsame indirekte Grillen bei niedriger Temperatur – low and slow eben!

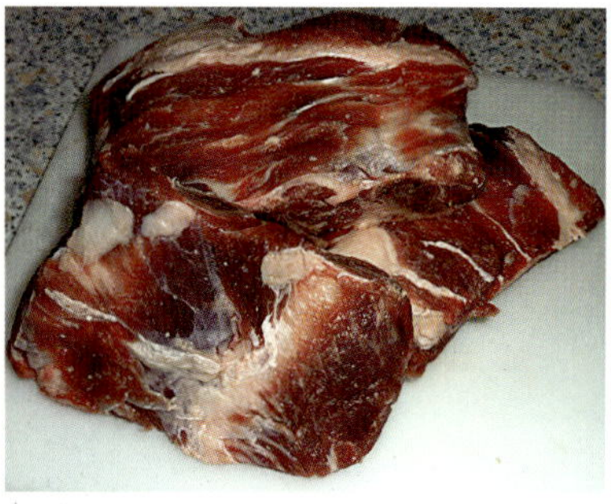

Die kurzen Rinderrippchen am besten beim Metzger vorbestellen.

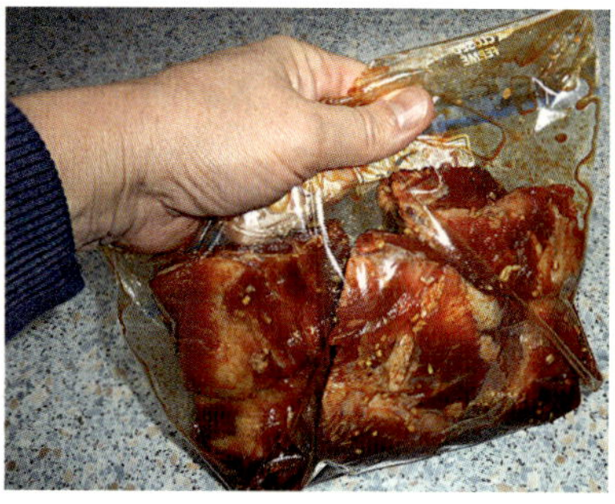

Ananas-Ingwer-Marinade zubereiten und die Ribs gekühlt 4–5 Stunden oder über Nacht marinieren

Rippchen indirekt grillen; mit der reservierten Marinade nach einer Stunde alle 30 Minuten pinseln.

Zutaten (2–3 Portionen)

1 kg Beef Short Ribs

1 Rezept *Ananas-Ingwer-Marinade* (Seite 192)

Empfohlene Beilage:

1 Rezept *Spicy Cole Slaw* (Seite 148)

Grillen = Barbecue ?

In Fachkreisen wird der feine Unterschied gemacht zwischen **Grillen** (schnelles Garen über direkter Hitze) und **Barbecue**, dem langsamen Garen bei niedrigen Temperaturen und indirekter Hitze mit Rauch – vorzugsweise in einem Barbecue Smoker. Ganz allgemein bezeichnet „Barbecue" aber auch das gemütliche Beisammensein rund um den Grill, egal, welche Technik dabei zum Einsatz kommt.

So geht's:

1. In einem geeigneten Gefäß alle Zutaten der Ananas-Ingwer-Marinade gut verrühren. Von der Marinade ein wenig zum späteren Bepinseln abfüllen und beiseite stellen.

2. Rippchen waschen, trockentupfen, in einen wiederverschließbaren Plastikbeutel geben und mit der Marinade übergießen. Luft aus dem Beutel drücken, verschließen und Marinade gut einmassieren. Gekühlt 4–5 Stunden oder über Nacht marinieren.

3. Grill für mehrstündiges indirektes Grillen bei möglichst niedriger Temperatur vorbereiten. Tropfschale unterstellen. Auf dem Gasgrill als Tropfschutz Alufolie auf die nicht eingeschalteten Brenner legen, die Ribs auf den Rost darüber. Den oder die übrigen Brenner auf minimale Flamme stellen. Ein hitzebeständiges Thermometer im Garraum nahe den Rippchen hilft, die Temperatur im Auge zu behalten.

4. Rippchen 1 Stunde vor dem Grillen aus dem Kühlschrank nehmen. Trockentupfen und in der indirekten Zone auf den geölten Grillrost legen.

5. Nach einer Stunde die Rippchen mit der reservierten Marinade beidseitig bepinseln; alle 30 Minuten wiederholen.

6. Die Garzeit richtet sich danach, wie fleischig die Ribs sind und beträgt etwa 2,5 bis 3 Stunden. Die Ribs sind fertig, wenn sich das Fleisch von den Knochen zurückzieht und leicht lösen lässt. Reichen Sie dazu Ihre Lieblings-BBQ-Soße. Auch der Spicy Cole Slaw (Seite 148) schmeckt gut dazu.

Tipp: Als Salat-Beilage passt perfekt der *Spicy Cole Slaw* von Seite 148!

Berbere Kifto

Würzige Hackbällchen-Spieße mit Berbere-Paste

Kifto ist die äthiopische Variante vom Steak Tartare, aber Griller essen ihr gehacktes Rindfleisch natürlich nicht roh, sondern gut durchgegart vom Rost! Gewürzt wird's aber wie in Äthiopien mit *Berbere*, einer peppigen Paste aus Chilis, anderen Gewürzen und Knoblauch. Das Rezept hat unser amerikanischer Barbecue-Buddy Dave beigesteuert.

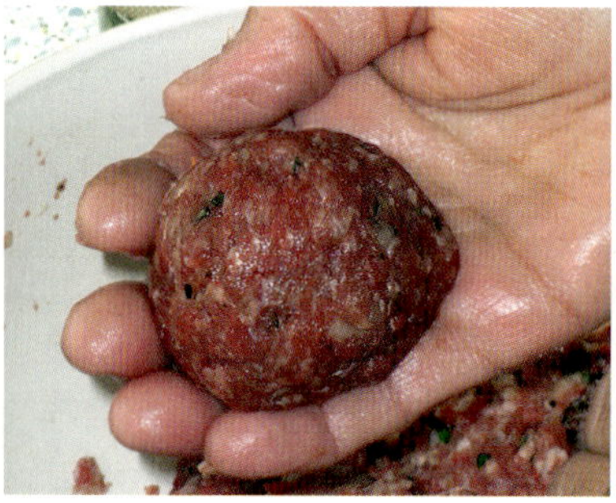

Kifto-Zutaten und Berbere-Paste gut vermischen und feste Bällchen formen.

Bällchen auf zuvor gewässerte Spieße schieben und einölen.

Spieße ca. 10 Minuten grillen, bis sie außen schön braun und innen durch sind.

Zutaten (2–3 Portionen)

Kifto-Zutaten:

500 g mageres Rinderhack (alternativ auch gemischtes Hack)

2 EL rote Zwiebeln, fein gehackt

1–2 scharfe Chili-Schoten, z. B. Cayenne, Serrano oder Thai

1 TL Korianderkraut (fein gehackt)

½ TL + 1 Msp. Nelken, gemahlen

1 Ei, verquirlt

frisches Korianderkraut (Cilantro)

5–6 Bambus-Grillspieße (vor Gebrauch ca. 1 Std. in Wasser legen)

Für die Paste:

3 TL Cayenne-Chili, gemahlen

1 EL Zwiebelpulver

2 TL frischer Ingwer, gerieben (alternativ 2 TL getrockneter Ingwer)

1 TL Kardamom, gemahlen

½ TL Salz

½ TL Zimt, gemahlen

1 Msp. Kreuzkümmel, gemahlen (Cumin) Chipotle-Chilis

1 Msp. Schwarzer Pfeffer, gemahlen

1 Msp. Muskatnuss, gemahlen

1 Msp. Piment, gemahlen (Allspice)

1 Msp. Kurkuma (Gelbwurzelpulver)

1 Msp. Nelken, gemahlenen

1 Knoblauchzehe, fein gehackt

2 EL rote Zwiebel, fein gehackt

2 EL trockenen Rotwein

3 EL (oder mehr falls erforderlich) Erdnuss- oder Sonnenblumenöl

Zum Einpinseln:

2 EL Olivenöl

So geht's:

1. Berbere-Paste zubereiten:
Alle Pasten-Zutaten außer dem Öl in einem höheren Gefäß für Stabmixer vermischen (alternativ im Mixer).
Bei laufendem Motor in einem dünnen Faden soviel Öl zugeben, dass eine homogene Paste entsteht.

2. In einer mittleren Schüssel alle Kifto-Zutaten und die Berbere-Paste gut vermischen.

3. Aus dem Hack-Teig kleine längliche feste Bällchen formen, je 4–5 Stück je nach Größe auf die Spieße stecken und mit Olivenöl bepinseln.

4. Bei indirekter oder maximal mittlerer Hitze ca. 10 Minuten auf gut geöltem Rost grillen, bis sie außen schön braun und innen durch sind (ggf. testweise ein Bällchen aufschneiden).

5. Die fertigen Spieße auf einer angewärmten Platte servieren und mit dem Korianderkraut garnieren.

Berbere-Paste ist eine peppige Paste aus Chilis, anderen Gewürzen und Knoblauch, die in Äthiopien von Kifto bis zu Eintöpfen für so ziemlich alles verwendet wird und auch zum Nachwürzen auf den Tisch kommt. In unserem Grillrezept gibt sie den Hackbällchen Pfiff und eine exotische Note.

Tipps:

Der Schärfegrad der Hackbällchen kann je nach Menge und Schärfe der verwendeten Chilis variiert werden.

Als Beilage passt Reis sowie unsere tsatziki-inspirierte *Dip-Soße zum Berbere Kifto* (Seite 173), im Bild im Hintergrund zu sehen.

Smoky Chipotle Beef aus dem Dutch Oven

Draußen schmeckts nicht nur am besten, auch das Kochen macht hier am meisten Spaß. Und ein Dutch Oven sorgt dafür, dass man auch leckere Eintöpfe im Freien zubereiten kann. Der schwere Topf ist daher die ideale Ergänzung zum Grill und kann – zumindest bei Holzkohle-Grills – sogar auf diesem befeuert werden. Dieser leckere Stew ist auf einen Dreiliter-Topf bemessen, für größere Töpfe die Zutaten-Mengen einfach anpassen. Die Smoky-Note liefern Chipotle, über Mesquite-Holz geräucherte Jalapeño-Chilis aus Mexiko.

Tipp: Grundsätzlich sollte man säurehaltige Speisen (in diesem Fall Tomaten) nicht lange im Dutch Oven stehen lassen, sondern nach dem Kochen umfüllen und den Topf reinigen.

Öl in den heißen Dutch Oven geben und die Fleischwürfel einlagig gut anbräunen.

Fleisch herausnehmen und die Zwiebelringe im heißen Fett glasig dünsten.

Geschnittene Pilze in den Topf geben, kurz mitdünsten (jeweils bei geschlossenem Topf).

Zutaten (4 Portionen)

- 500 g Rindersteak oder – Gulaschfleisch
- 300 g braune Champignons
- 800 g (2 kleine oder 1 große Dose) Tomaten, stückig
- 100 ml Bier (vorzugsweise dunkler Bock)
- 2 EL Worcestershire Sauce
- 3 EL Sonnenblumenöl
- 1 große Zwiebel
- 4 Knoblauchzehen
- 1 frische rote Chilischote (Holland Cayenne, Serrano o. ä.)
- 6 Chipotle-Chilis in Adobo mit 1 EL Sauce
- ½ TL Cumin (Kreuzkümmel), gemahlen
- 1 TL schwarzer Pfeffer, grob gemahlen
- 1 TL Salz
- Korianderkraut (Cilantro) zur Garnitur

So geht's:

1. In einer geeigneten Feuerstelle (Feuerschale oder Kugelgrill) genug Grillbriketts für ein einlagiges Glutbett unter dem Dutch Oven anheizen (wir benötigen um die 15 Briketts).
2. Sobald die Kohlen mit weißer Schicht bezogen sind, den Dutch Oven direkt darüber platzieren (auf den Deckel kommen bei diesem Rezept keine Briketts).
3. Fleisch in ca. 2–3 cm große Würfel schneiden, Pilze putzen und in ca. 4 mm dicke Scheiben, Zwiebel in ca. 5 mm dicke Ringe schneiden. Chilis mit „Innenleben" grob, Knoblauch fein hacken. Chipotle mit Sauce fein hacken.
4. Öl in den heißen Dutch Oven geben und die Fleischwürfel einlagig hineingeben und rundherum gut anbräunen, bis sie fast durch sind (ca. 5 Minuten).
5. Fleischwürfel mit einer Grillzange aus dem Dutch Oven nehmen und beiseite stellen.
6. Zwiebel ins heiße Fett geben und unter Umrühren glasig dünsten (5–10 Minuten). Knoblauch und rote Chili dazugeben und kurz mitdünsten.
7. Geschnittene Pilze in den Topf geben, kurz mitdünsten.
8. Tomaten mit Saft, Bier, Chipotle-Chilis, Worcestershire Sauce und die Gewürze dazugeben, mit einem Holzlöffel gut umrühren.
9. Zum Kochen bringen und ca. 20 Minuten im geschlossenen Dutch Oven garen.
10. Danach den Deckel abnehmen (Vorsicht heiss: Deckelheber!) und unter gelegentlichem Umrühren offen weiterköcheln lassen, bis der Stew eine sämige Konsistenz hat.
11. Mit Cilantro garniert und herzhaftem Brot servieren.

Tomaten, Bier, Chipotle, Worcestershire Sauce und die Gewürze dazugeben, gut umrühren.

Zum Kochen bringen und ca. 20 Minuten im geschlossenen Dutch Oven garen.

Ohne Deckel bei gelegentlichem Umrühren zur gewünschten Konsistenz weiterköcheln lassen.

Lizard Eyes

Mit feurigen Habaneros gefüllte Oliven bilden das pikante Zentrum unserer „Echsen-Augen“ – gegrillte Hackfleischbällchen mit Überraschungseffekt! Und die schmecken heiß vom Grill genauso lecker wie kalt am nächsten Tag.

Entsteinte Oliven mit scharfen Chilistreifen füllen ...

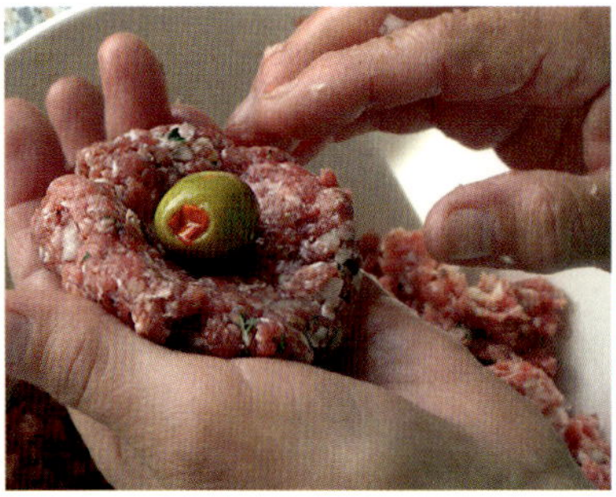

... und mit dem gewürzten Hackfleisch ummanteln.

Die Bällchen auf zuvor gewässerte Holz- oder Bambusspieße schieben und bei direkter Hitze grillen.

Zutaten (3 Portionen)

- 500 g Hackfleisch (Rinderhack oder gemischt, nicht zu fett (wer's mag, nimmt Lammfleisch)
- 1 Glas grüne Oliven ohne Stein
- Habanero-Chilis, frisch oder eingelegt (für Hartgesottene: Bhut Jolokia oder Trinidad Scorpion)
- 1 kleine Zwiebel
- 1 Knoblauchzehe
- 1 Sträußlein frische Kräuter (Thymian, Majoran, Rosmarin etc.), ersatzweise 2 EL Oregano, getrocknet
- 1 EL Olivenöl
- Pfeffer und Salz
- Wahlweise Salsa, Hot Sauce, Barbecue Sauce oder pikanten Ketchup
- Bambus-Spieße oder flache Holzspieße

So geht's:

1. Chilis entstielen, entkernen (Handschuhe!) und in Streifen schneiden.
2. Oliven abtropfen lassen und mit Chilistreifen füllen.
3. Spieße mindestens 30 Minuten in Wasser einweichen, damit sie später beim Grillen nicht verkohlen.
4. Zwiebel und Knoblauch pellen und fein hacken, Kräuter fein hacken.
5. Hackfleisch mit Zwiebel, Knoblauch, Kräutern, Olivenöl sowie etwas Pfeffer und Salz gründlich verkneten.
6. Den Fleischteig eine halbe Stunde im Kühlschrank ruhen lassen, dann mit nassen Händen 1 cm dicke „Schalen" mit etwa 4–5 cm Durchmesser formen, eine Olive in die Mitte legen und komplett und gleichmäßig mit der Hackmischung umhüllen, sodass ein Bällchen entsteht.
7. Grill für mittlere direkte Hitze anheizen.
8. Jeweils 3–4 Hackfleischbälle auf einen Spieß schieben (darauf achten, dass der Spieß durch die Olive geht).
9. Bälle leicht einölen, damit sie nicht am Grillrost kleben (nicht zuviel Öl, da es sonst in den Grill tropft und aufflammt).
10. Etwa 10–15 Minuten bei offenem Grill gar grillen; dabei mehrmals vorsichtig drehen, damit die Lizard Eyes von allen Seiten schön braun werden.
11. Vom Feuer nehmen und je nach Geschmack (oder was der Kühlschrank gerade hergibt) mit Salsa, Hot Sauce, Barbecue Sauce oder pikantem Ketchup zum Dippen servieren.

BRISKET AUS DEM BARBECUE SMOKER

Eine typisch texanische BBQ-Spezialität ist das *Beef Brisket* – oder einfach Brisket, da dieses Stück Fleisch eigentlich immer vom Rind kommt. Und es kommt aus dem Smoker. In den USA, besonders in den südlicheren Bundesstaaten, gibt es zahllose Barbecue-Restaurants, auf deren Rückseite es meist kräftig qualmt. Ausgehend vom Rinderzüchter-Staat Texas wird vielerorts außer Ribs und Pulled Pork auch Brisket angeboten – im Smoker langsam (meist mehr als 12 Stunden) gegarte Rinderbrust. So zart, dass das Fleisch fast zerfällt, und angenehm „smoky" schmeckt.

Als Teilstück des Vorderviertels vom Rind setzt sich das Brisket aus Brustspitze, Brustkern und Nachbrust zusammen. Bei uns bekommt man auch Rinderbrust zu kaufen, aber der amerikanische Zuschnitt ist unterschiedlich. Mit etwas Glück stößt man aber auf einen Metzger, dem Brisket ein Begriff ist. Oder man bringt/emailt ihm ein paar Fotos aus dem Web, damit er das Fleisch entsprechend zuschneiden kann. Sowas gibt es natürlich nicht im Supermarkt. Aus vielerlei Gründen lohnt es sich zudem, Bio-Qualität wie Bioland oder Demeter zu kaufen (siehe Seite 33). Ihr freundlicher Metzger schneidet Ihnen die Stücke auf Vorbestellung sicher gerne entsprechend zu. Bewährt haben sich 3–4 kg. Auf beiden Seiten ist eine Fettschicht, die das Fleisch im Smoker schützt und dafür sorgt, dass es schön saftig bleibt.

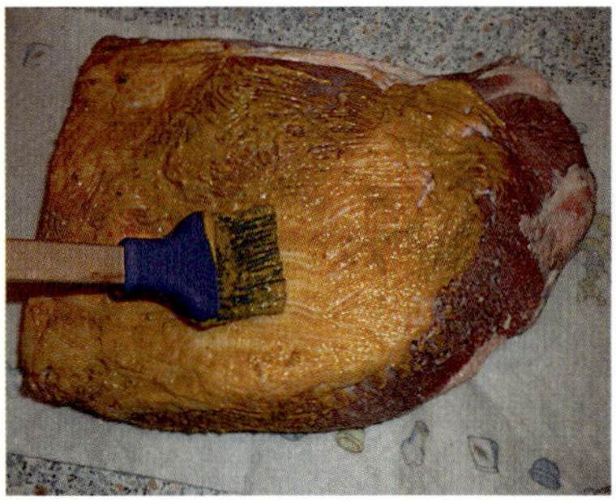

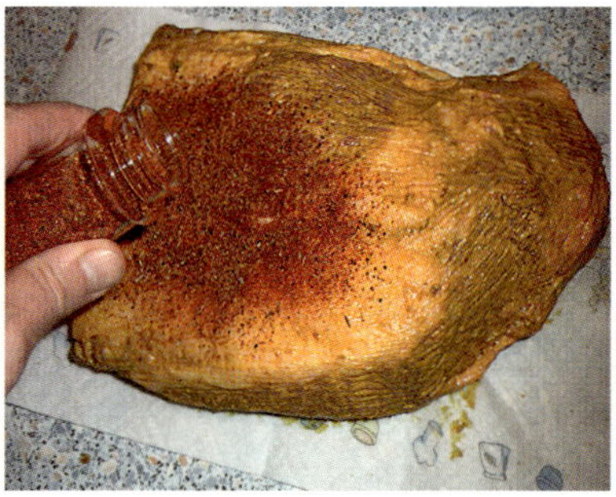

Fleisch mit Senf bestreichen, mit Cajun Rub einreiben, kühlen. Smoker mit Brikett-Glutbett und Holz anfeuern.

Kerntemperatur-Sensor einstecken, smoken, nach 2–3 Std. moppen, nach 4 Std. gemoppt in Alufolie weitergaren.

So geht's:

1. Mit Senf bestreichen. Marinieren bringt bei einem so dicken Stück Fleisch eher wenig; zart wird es nur durch extrem langes Garen bei niedriger Temperatur. Für Geschmack und schöne Kruste bekommt das Brisket daher eine Behandlung mit einem Dry Rub. Damit dieses gut haftet, wird das Fleisch zunächst rundherum mit Senf eingerieben.

2. Mit Würzmischung („Rub") einreiben. Zur würzigen Einreibung *Cajun Rub* (Seite 200) von allen Seiten gleichmäßig auftragen.

3. Über Nacht kühlen. Das gerubbte Fleisch in einem passenden Glas- oder Kunststoffgefäß mindestens 12 Stunden (am besten über Nacht) kühlen (alternativ in Frischhaltefolie wickeln).

4. Ab in den Smoker! Das Fleisch eine Stunde vor dem Smoken aus dem Kühlschrank nehmen, damit es Raumtemperatur annimmt. Eine Fleisch-Kerntemperatur von nur 10 °C würde die Smoker-Zeit um gute zwei Stunden verlängern!

5. Smoker vorbereiten und anheizen. Sobald die Garkammer 120 °C erreicht hat, Brisket in die Garkammer legen – soweit von der Feuerkammer entfernt wie möglich, damit das große Stück Fleisch gleichmäßig gegart wird. Näher an der Feuerkammer würde das vordere Stück schneller garen, schlimmstenfalls verbrennen.

6. An die dickste Stelle Thermometersonde hineinstecken, um die Kerntemperatur zu überwachen. Hilfreich ist ein Digital-Thermometer mit zwei Thermo-Sensoren: Einer für das Fleisch, und einer für die Garkammer. Bei einigen Geräten lassen sich für die Garkammer sogar obere und untere Temperaturgrenzen einstellen, bei deren Erreichen ein Alarm ertönt. Sehr praktisch!

7. Jetzt gibt's Rauch. Brisket bei (möglichst) konstanten 120 °C erst einmal drei Stunden lang kräftig Rauch geben, denn ab einer bestimmten Fleischtemperatur würde es diesen nicht mehr aufnehmen, und wir bekämen keinen schönen „Smoke Ring".

8. Es darf gemoppt werden. Nach 2–3 Stunden das Fleisch moppen, damit es nicht austrocknet. Als Mopp-Flüssigkeit 0,33 l Bier, 0,25 l Weißweinessig, 0,25 l Apfelessig mischen und darin 4 EL *Cajun Rub* (Seite 200) gut verrühren. Die Mopp-Flüssigkeit heißt so, weil sie mit einem speziellen Barbecue-Mopp aus dem Grill-Fachhandel aufgetragen wird.

Tipp: Flüssigkeit allseits großzügig aber vorsichtig auftupfen, sodass die Rub-Schicht nicht abgerieben wird. Damit der Saft im Fleisch bleibt, das Stück keinesfalls mit einer Grillgabel, sondern einer kräftigen Grillzange umdrehen. Statt mit dem Mopp können Sie das Fleisch natürlich auch mit einer Sprühflasche befeuchten. In jedem Fall dann Garkammer-Deckel zu und weitersmoken.

9. In Alufolie weitergaren. Nach 3–4 Stunden hat das Fleisch genug Rauch bekommen, und es soll beim Smoker-Marathon ja auch nicht austrocknen. Fleisch daher jetzt auf eine doppelte Lage breiter Alufolie legen, nochmal moppen oder sprühen, noch etwas Mopp-Flüssigkeit drübergeben und stramm einpacken. Jetzt kommen nochmal gut sechs lange Stunden.

10. Nachfeuern. In die Feuerkammer eine zuvor im Grillkamin vorgeglühte Ladung Grillbriketts geben und nur etwas Holz. Jetzt wird in erster Linie gleichmäßige Temperatur benötigt, weniger Rauch. Falls erforderlich, 2 bis 2,5 Stunden später wiederholen, um die Temperatur zu halten.

11. Fleisch ruhen lassen. Erreicht das Fleisch eine Kerntemperatur von 85–90 °C, haben Sie es fast geschafft. Bis dahin können je nach Fleischgewicht 12–15 Stunden vergehen. Brisket dann aus dem Smoker nehmen und in der Folie vor dem Anschneiden eine halbe Stunde ruhen lassen. Wichtig: Beim Aufschneiden quer zur Fleischfaser schneiden – dann ist das Fleisch noch zarter. OK, das Ganze braucht seine Zeit, aber Sie werden sehen, der Aufwand lohnt sich!

Tipps: Beilagen mitsmoken! Rechtzeitig in der Mikrowelle Kartoffeln halb garen (vorher in etwa gleich dicke Stücke schneiden). Diese kommen die letzten 30 Minuten leicht gewürzt ebenfalls in den Smoker. Als weitere Beilage empfehlen sich die *Smoky Cowboy Beans* (Seite 132).

Anasazi Bean Soup

Herzhaft-pikante Bohnensuppe und perfekte BBQ-Resteverwertung!

Der Name *Anasazi* umfasst die indianische Urbevölkerung jenes nordamerikanischen Gebietes, das heute die US-Bundesstaaten Arizona, New Mexico, Utah und Colorado ausmacht. Grundlage der Anasazi-Tradition war Landwirtschaft, zu den wichtigsten Lebensmitteln zählten Mais, Bohnen, Kürbis und Chilis. Eine alte Bohnensorte wurde sogar nach den Anasazi benannt; Wachtelbohnen (*Pinto Beans*) sind ein guter Ersatz und kommen in unserer Bohnensuppe nach Anasazi-Art zum Einsatz. Die Suppe verwendet zwei traditionelle Southwestern-Zutaten: Bohnen und Chilis. Und sie ist eine hervorragende Möglichkeit zur Resteverwertung, wenn das Stück Fleisch vom Grill oder – besser noch – aus dem Smoker mal wieder zu groß war, zum Beispiel *Brisket*. Wir frieren sogar Barbecue-Fleisch und geröstete Chilis portioniert ein, um diese Suppe jederzeit auch im Winter zubereiten zu können!

Bohnen über Nacht einweichen, dann abgießen und spülen.

Chilis rösten (Seite 22), enthäuten, entkernen und grob hacken.

Nachdem die Bohnen weich sind, die gerösteten Chilis hinzufügen.

Zutaten (4 Portionen)

- 200 g Wachtelbohnen
- 200 g gegartes Barbecue-Fleisch, z.B. Brisket (unser Favorit), Schweinebraten oder Lamm
- 2–3 grüne New Mexican Chilis *, geröstet (siehe Seite 22), enthäutet und gehackt
- ca. 1 l Rinder- oder Gemüsebrühe
- 1 große Zwiebel, grob gehackt
- 2 große Knoblauchzehen, fein gehackt
- 4–5 EL Olivenöl
- 1 TL Koriander, gemahlen
- 1/2 TL Kreuzkümmel (Cumin), gemahlen
- 1–2 TL scharfes rotes New Mexican Chili-Pulver oder Cayenne, gemahlen
- Frisches Korianderkraut, gehackt

So geht's:

1. Die Bohnen mit Wasser bedecken und über Nacht einweichen.

2. Die Bohnen abgießen und mit klarem Wasser spülen. In einem Sieb abtropfen lassen.

3. In einem größeren Topf das Öl auf mittlerer Flamme erhitzen, die gehackte Zwiebel darin glasig dünsten. Den gehackten Knoblauch zugeben.

4. Bohnen dazugeben, mit der Flüssigkeit aufgießen, dem gemahlenen Koriander, Kreuzkümmel und Chili würzen, gut umrühren und zum Kochen bringen.

5. Bei geringer Hitze ca. 1 Stunde köcheln lassen, dann das gewürfelte BBQ-Fleisch zugeben.

6. Eine weitere Stunde köcheln lassen, bis die Bohnen weich sind und die Suppe leicht sämig ist.

7. Nun die gerösteten, enthäuteten und gehackten Chilis unterrühren.

8. Mit Salz und frisch gemahlenem Pfeffer kräftig abschmecken und mit frischem gehacktem Korianderkraut bestreut servieren.

Tipp: Die Schärfestufe lässt sich je nach verwendetem Chili und Menge variieren.

* Sind keine grünen Chilis vom Typ New Mexican (Anaheim, Sandia usw.) verfügbar, ersatzweise grüne große lange Peperone oder grüne türkische Paprika vom Wochenmarkt. Oft ist auf dem Markt sogar Bio-Qualität zu haben.

Jamaican Jerk Chicken

Geflügel mit einem Hauch Karibik gegrillt: Hier wird die typische Jerk-Würzmischung als Paste aufgetragen; nach dem Einwirken wird dann über Holzkohle gegrillt (alternativ darf es natürlich auch der Gas- oder Elektrogrill sein).

Jerk-Paste anrühren ...

Huhn oder Hühnerteile damit bestreichen und marinieren lassen ...

... und ab auf den Grill, für indirektes Garen. Tropfschale nicht vergessen!

Zutaten (4 Portionen)

- 1 kg Hühnerteile (wir bevorzugen Schenkel)
- Für die Jerk-Paste:
- 3 EL Karibische Jerk-Würzmischung (Seite 202)
- 3 EL Sonnenblumen- oder Olivenöl
- 1 EL Limettensaft
- 1 EL Zucker

So geht's:

1. In einer kleinen Glasschüssel alle Jerk-Pasten-Zutaten gut verrühren.

2. Die Hühnerteile waschen, mit Küchenkrepp trockentupfen und mit der Paste einreiben; 2–3 Stunden im Kühlschrank einwirken lassen.

3. Grill für indirektes Grillen ein bis eineinhalb Stunden vorbereiten; in die indirekte Zone eine Tropfschale unter den Grillrost stellen.

4. Die marinierten Hähnchenteile (Marinade nicht abwischen!) bei mittlerer indirekter Hitze ca. 1 Stunde grillen, bzw. bis das Fleisch gar ist (kein rosa Saft mehr an den Knochen), oder wenn ein an der dicksten Stelle eingestecktes Fleischthermometer 82 °C anzeigt.

Tipp:

Die Hähnchenteile mit der *Tropische Frucht-Salsa* mit Habanero (Seite 182) und/oder mit einem frischen bunten Salat servieren.

„Kontroverse" Grilltabletts

Ein Thema, das die Grill-Community immer wieder beschäftigt (und spaltet), ist die Verwendung von Grilltabletts. Diese sind meist aus Aluminium und als Einmal-Artikel ausgelegt. Vom ökologischen Standpunkt ist Alu als Wegwerf-Artikel in der Tat nicht unproblematisch.

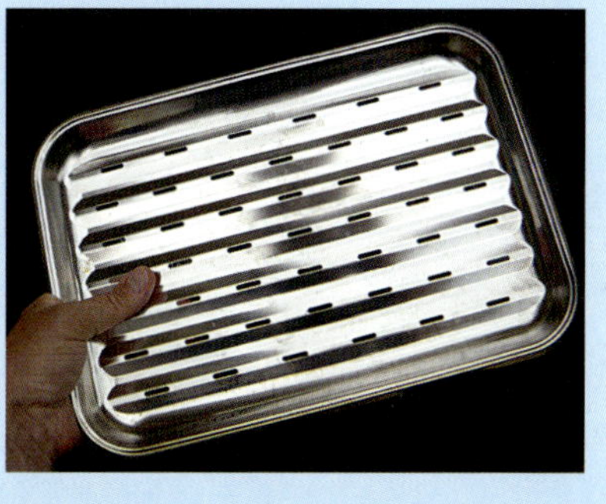

Umweltfreundlicher sind die wiederverwendbaren Grilltabletts aus Edelstahl (rechts), und auch Tropfschalen bietet zum Beispiel RUMO inzwischen in Edelstahl-Ausführung an. Nur Alu*folie* ist kaum zu ersetzen ...

Putenspieße Asi-„Ah!“

Diese Putenspieße sind auf dem Grill schnell zubereitet. Dazu empfiehlt sich unser Erdnuss-Dip asiatisch (Seite 175).

Zutaten für die Marinade hacken; das Zitronengras in feine Ringe schneiden.

Alle Marinade-Zutaten gut verrühren.

Das Putenfleisch in ca. 3–4 cm große Würfel schneiden ...

Zutaten (4 Portionen)

- 750 g Putenbrust (ohne Haut)
- 1 Rezept *Erdnuss-Dip Asiatisch* (Seite 175)

Für die Marinade:

- 125 ml Sake (japanischer Reiswein)
- 60 ml Sojasoße oder Tamari
- 60 ml Sonnenblumenöl
- 1 EL Reisweinessig (ersatzweise Branntweinessig)
- 1–2 rote Thai-Chilis, frisch, entstielt und fein gehackt
- Frische Habanero-Chilis (optional)
- 2 Knoblauchzehen, gehackt
- 1 Stückchen frische Ingwerwurzel (ca. 2 cm), fein gehackt
- 1 Stiel Zitronengras, fein geschnitten
- 1 EL Zucker
- 1 Messerspitze schwarzer Pfeffer, frisch gemahlen

So geht's:

1. In einer großen Schüssel Sake, Sojasoße, Öl, Reisweinessig, Chili, Zucker, Ingwer, Knoblauch und Pfeffer gut vermischen. Ein wenig in eine kleine Schüssel abfüllen; die brauchen wir später zum Pinseln des Fleisches beim Grillen.

2. Putenbrust in Wüfel mit ca. 3–4 cm Kantenlänge schneiden und auf 4 bis 6 Spieße fädeln.

3. Marinade und Fleisch in ein passendes Glasgefäß oder in einen stabilen Reißverschluss-Gefrierbeutel geben.

4. Marinade im Kühlschrank mindestens 2 bis 8 Stunden einwirken lassen.

5. Gas- oder Kohlegrill anheizen und für direktes Grillen bei mittlerer Hitze vorbereiten (Rosthöhe bei Holzkohle ca. 10 cm).

6. Fleisch aus der Marinade nehmen und mit Haushaltskrepp abtupfen. Marinade weggießen.

7. Fleisch auf die Spieße fädeln, für geübte Scharfesser mit ein paar frischen Habanero-Chilis dazwischen.

8. Fleisch ca. 15–20 Minuten offen grillen, bzw. bis es von innen durch und von außen leicht knusprig ist. Dabei mehrmals wenden und mit der zu Beginn abgezweigten Marinade pinseln.

9. Mit Reis und dem pikanten Erdnuss-Dip servieren.

Zubehör: Grilltauglicher Pinsel, 4 bis 6 Spieße (Holz/Bambus: Mindestens 1 Stunde wässern).

... und mit der Marinade übergießen. Gekühlt 2 bis 8 Stunden ziehen lassen.

Abgetropfte Putenwürfel zusammen mit Habanero-Chilis (für Ihre scharfen Esser) auf Spieße fädeln.

15–20 Minuten offen grillen. Mehrfach wenden und mit restlicher Marinade pinseln.

Chicken Wings No. 1

Seit meine Frau und ich ein paar Jahre in den USA gelebt haben, lieben wir Chicken Wings. Original werden die Hähnchenflügel frittiert („Buffalo Wings"), aber auch auf dem Grill werden sie knusprig, und zwar ohne vor Fett zu triefen, und es gibt mehr Möglichkeiten der Zubereitung. Ursprünglich wollten wir an dieser Stelle mit der Harissa von Seite 178 gepinselte Chicken Wings vorstellen, aber die Testflügel waren unbezwingbar, weil die Paste pur einfach zu scharf ist. So kam uns die Idee, das Harissa-Feuer mit dem indischen Tandoori-Stil zu kombinieren, bei dem das Fleisch vor dem Backen mit einer Mischung aus Joghurt und Gewürzen mariniert wird. Zwei Teelöffel unserer Harissa auf einen Becher Joghurt fanden wir optimal – wenn Sie's noch schärfer mögen, nehmen Sie gerne mehr!

Ist Harissa-Paste im Haus, ist die Wing-Marinade schnell fertig.

Marinade-Zutaten gut vermischen und schärfemäßig abschmecken.

Hähnchenflügel gut mit Marinade bedecken, und etwas einmassieren.

Crossover-Küche: Indien trifft Nordafrika. Durch die Tandoori-Joghurt-Basis wird die feurige Harissa gezähmt.

Zutaten (12 Wings)

12 Hähnchenflügel

Für die Marinade:

150 Joghurt (3,5%)

2 TL *Harissa-Paste* (Rezept Seite 178)

2 TL Zitronensaft, frisch gepresst

Tipps:

Die Tandoori-Marinade eignet sich auch bestens für Hähnchen-Filets.

Werfen Sie die abgetrennten Flügelspitzen nicht weg! Sie können daraus zusammen mit etwas Suppengemüse noch eine astreine Hühnerbrühe kochen. Ein Dutzend Spitzen reicht für 1 Liter Brühe.

So geht's:

1. In einer kleinen Schüssel alle Marinade-Zutaten gründlich miteinander verrühren. Marinade abschmecken; für schärfere Wings entsprechend mehr Harissa-Paste einrühren.

2. Hähnchenflügel waschen, mit Küchenkrepp abtrocknen und mit einer Küchen- oder Geflügelschere die Flügelspitzen abschneiden.

3. In einem wiederverschließbaren Plastikbeutel oder einem nichtmetallischen Gefäß die Hähnchenflügel mit der Marinade gut vermischen und zugedeckt im Kühlschrank 3–4 Stunden oder über Nacht marinieren.

4. Den Grill für indirektes Grillen vorbereiten; bei Verwendung eines Holzkohlengrills genügend Kohle oder Briketts für 45–60 Minuten Grillzeit vorsehen. In der indirekten Zone eine Abtropfschale unter den Rost stellen.

5. Die marinierten Hähnchenflügel auf den Rost in die indirekte Grillzone legen und zugedeckt ca. 30–40 Minuten garen. Flügel wenden und weitere 10-15 Minuten grillen, bis sie durch und schön knusprig sind.

6. Mit Korianderkraut (Cilantro) garnieren und Dips wie zum Beispiel der pikanten *Jalapeño-Tomatensoße* (Rezept Seite 168), der *Puerto Rico Mojo Sauce* (Rezept Seite 170) oder einem Joghurt-Harissa-Dip (Zubereitung wie obige Marinade) servieren.

In der indirekten Zone eine Tropfschale unter den Rost stellen.

Durch den Joghurt sehen die Wings zunächst etwas blass aus ...

... aber bald bekommen sie Farbe und werden schön knusprig!

Chicken Wings No. 2

Süßer Honig und rauchige Chipotle sind einfach eine göttliche Kombination, und auch ein wenig Senf macht sich gut darin, und das Ganze macht sich bestens auf Chicken Wings. Das passende Rezept dazu liefert unsere *Honey Chipotle Mustard Glaze* **auf Seite 196. Damit die süße Schicht nicht verbrennt, geschieht das Grillen jedoch in zwei Schritten: Zunächst werden die trocken marinierten Hähnchenflügel knusprig gegrillt, dann kommt für eine kürzere zweite Grillphase unsere rauchig-süße Glasur (engl. „Glaze“) drauf.**

Trockenmarinade mischen, Wings damit rundherum gut bedecken und 3–4 Stunden ziehen lassen.

Nach 30–45 Minuten indirektem Grillen sind sie schon gut gebräunt und knusprig.

Ihren letzten Schliff bekommen sie aber mit der Honey-Chipotle-Mustard-Glasur.

Zutaten (12 Wings)

- 12 Hähnchenflügel
- Korianderkraut (Cilantro) zur Garnitur
- 1 Rezept *Honey Chipotle Mustard Glaze* (Seite 196)

Für die Trockenmarinade:

- 1 EL Backpulver
- 1 EL Ancho Chili, gemahlen
- 1 TL Koriandersaat, gemahlen
- 1 TL Salz

Tipp:

Falls Sie sich wundern, weshalb die Trockenmarinade als Zutat Backpulver enthält: Das amerikanische Team von „Serious Eats" (siehe Web-Links) hat experimentell herausgefunden, dass man damit knusprigere Wings produzieren kann. Natürlich können Sie das Backpulver auch weglassen, aber warum nicht mal ausprobieren!

So geht's:

1. Hähnchenflügel waschen, mit Küchenkrepp abtrocknen und mit einer Küchen- oder Geflügelschere die Flügelspitzen abschneiden.

2. In einer kleinen Schüssel alle Zutaten für die Trockenmarinade gründlich vermischen.

3. In einem wiederverschließbaren Plastikbeutel oder einem nichtmetallischen Gefäß die Hähnchenflügel mit der Marinade gut einreiben und zugedeckt im Kühlschrank 3–4 Stunden oder über Nacht marinieren.

4. Den Grill für indirektes Grillen vorbereiten; bei Verwendung eines Holzkohlengrills genügend Kohle oder Briketts für 45–60 Minuten Grillzeit vorsehen. In der indirekten Zone eine Abtropfschale unter den Rost stellen.

5. Die marinierten Hähnchenflügel auf den Rost in die indirekte Grillzone legen und zugedeckt garen.

6. Während die Flügel auf dem Grill garen, die Honig-Chipotle-Mustard-Glasur zubereiten.

7. Nach 30–45 Minuten Grillzeit sollten die Flügel gut gebräunt und knusprig sein. Nun beidseitig großzügig mit der Glasur bepinseln.

8. Zugedeckt weitere 10–15 Minuten grillen.

9. Mit Dipping-Sauce Ihrer Wahl und Korianderkraut garniert servieren.

Chicken Wings No. 3

Apricot Habanero

Sie lieben Chicken Wings und stehen auf fruchtig-pikant? Dann sollten Sie die Flügel unbedingt einmal mit der *Apricot Chili Glaze* (Seite 197) probieren. Wie bei „No. 2“ geschieht das Grillen in zwei Schritten: Zunächst werden die trocken marinierten Hähnchenflügel knusprig gegrillt, zum Schluss kommt dann unsere fruchtig-pikante Glasur drauf.

Wie bei „No. 2“ zunächst die trocken marinierten Flügel grillen ...

... und dann zur Schlussphase mit der Apricot Glaze „glasieren“.

So sehen die Chicken Wings nach weiteren 10–15 Minuten aus!

Zutaten (12 Wings)

12 Hähnchenflügel

1 Rezept *Apricot Chili Glaze* (Seite 197)

Für die Trockenmarinade:

1 EL Backpulver

1 EL Ancho Chili, gemahlen

1 TL Koriandersaat, gemahlen

1 TL Salz

Tipp:

Wie schon auf Seite 33 erwähnt, sollte man besonders beim Kauf von Geflügelfleisch auf Qualität achten – bei Erzeugern, die **Bio-Qualität** anbieten, gibt es auch Chicken Wings von Tieren, die ohne quälerische Massentierhaltung und den damit meist verbundenen Antibiotika-Gaben und Billigfütterung aufwachsen konnten. Das ist nicht nur ethisch und gesundheitlich ein Gesichtspunkt – man schmeckt es auch. Wir empfehlen daher, die Discounter-Wings links liegen zu lassen.

So geht's:

1. Hähnchenflügel waschen, mit Küchenkrepp abtrocknen und mit einer Küchen- oder Geflügelschere die Flügelspitzen abschneiden.
2. In einer kleinen Schüssel alle Zutaten für die Trockenmarinade gründlich vermischen.
3. In einem wiederverschließbaren Plastikbeutel oder einem nichtmetallischen Gefäß die Hähnchenflügel mit der Marinade gut einreiben und zugedeckt im Kühlschrank 3–4 Stunden oder über Nacht marinieren.
4. Den Grill für indirektes Grillen vorbereiten; bei Verwendung eines Holzkohlengrills genügend Kohle oder Briketts für 45–60 Minuten Grillzeit vorsehen. In der indirekten Zone eine Abtropfschale unter den Rost stellen.
5. Die marinierten Hähnchenflügel auf den Rost in die indirekte Grillzone legen und zugedeckt garen.
6. Während die Flügel auf dem Grill garen, die Apricot-Glasur zubereiten.
7. Nach 30–45 Minuten Grillzeit sollten die Flügel gut gebräunt und knusprig sein. Nun beidseitig großzügig mit der Glasur bepinseln.
8. Zugedeckt weitere 10–15 Minuten grillen.
9. Mit der Dipping-Sauce Ihrer Wahl und zum Beispiel *Spicy Cole Slaw* (Seite 148) servieren.

Frango Piri-Piri

Portugiesisches Chili-Hähnchen: Die mit Knoblauch und Piri-Piri marinierten und gegrillten Hähnchen sind in Portugal praktisch überall erhältlich, sodass man diese ursprünglich aus Afrika stammende Spezialität fast als portugiesisches Nationalgericht bezeichnen kann. In der Algarve wird alljährlich im August in Guia (unweit Albufeira) sogar ein großes Piri-Piri-Hähnchenfest gefeiert. In Bars, Cafés und Straßenrestaurants kommt es heutzutage meist mit Pommes Frites auf den Tisch, aber man kann dazu auch neue Kartoffeln servieren. Es gibt unzählige Variationen, diese hier gefällt uns am besten.

Piri-Piri-Soße mixen ...

... über die Hähnchen gießen und ...

... nach 3 Stunden indirekt grillen.

Zutaten (4 Portionen)

- 1 mittelgroßes Hähnchen oder 1 kg Hähnchenteile (wir nehmen gerne Schenkel)
- 150 ml *Piri-Piri Soße* (*Molho de Piri-Piri*, Seite 174)
- 1 Kopf Römischer Salat oder eine Handvoll Feldsalat

Tipp:

Mit Zitronenscheiben, Zwiebelringen und Tomaten garnieren und heiß servieren. Bei Bedarf zum „Nachpeppern" kommerzielle Piri -Piri Hot Sauce auftischen.

So geht's:

1. Bei ganzem Hähnchen: Das ausgenommene und gewaschene Hähnchen auf ein Küchenbrett legen und längs des Brustbeins aufschneiden, aber ohne es in zwei Hälften zu zerteilen. Mit einem Holzhammer möglichst flach klopfen. Hähnchen oder Teile in eine niedrige Glasschüssel legen.

2. Mit der Piri-Piri Soße übergießen und im Kühlschrank zugedeckt ca. 3 Stunden marinieren lassen.

3. Grill für indirektes Grillen ein bis eineinhalb Stunden vorbereiten; in die indirekte Zone eine Tropfschale unter den Grillrost stellen.

4. Mariniertes Hähnchen bzw. Teile (Marinade nicht abwischen!) bei mittlerer indirekter Hitze ca. 1 Stunde grillen, bzw. bis das Fleisch gar ist (kein rosa Saft mehr an den Knochen), oder wenn ein an der dicksten Stelle eingestecktes Fleischthermometer 82 °C anzeigt.

5. Hähnchen grob zerteilen, auf Salatbett anrichten.

Renate inspiziert Vorräte zur Piri-Piri-Soßenproduktion in Süd-Portugal

Mesquite Smoked Coffee Chicken

Die Verwendung von Kaffee und Kaffeelikör in einer Grillmarinade mag ungewöhnlich klingen, ist aber extrem lecker. Das Rezept stammt aus Kalifornien, wo man neuen kulinarischen Abenteuern gegenüber sehr aufgeschlossen ist und gerne experimentiert. Außerdem kocht man dort gerne schlank und gesund. Den Pfiff gibt – außer der Marinade – das Räuchern mit Mesquite-Holz. Die dezente Rauchnote passt perfekt. Die Zubereitung erfolgt im geschlossenen Grill bei indirekter Hitze.

Marinade anrühren ...

... und über die Hühnerfilets geben, 2–3 Stunden oder über Nacht kühl stellen.

Sobald de Smokerbox Rauch produziert, die Hühnerfilets im geschlossenen Grill indirekt garen.

Zutaten (4 Portionen)

1 kg Hähnchenfilet (also ohne Haut und Knochen)

Für den Grill:

1 Portion Mesquite Räucher-Chips + Smokerbox (siehe Seite 31) oder Alufolie

Für die Marinade:

120 ml mexikanischer Kaffee-Likör (z. B. *Kahlua*)

120 ml Sojasoße

60 ml Olivenöl

2 EL Kaffee, frisch gemahlen

2 EL Sesamkörner oder TL Sesamöl

1 TL scharfe Chili-Flocken (z. B. aus Kalabrien)

So geht's:

1. Marinade:
Alle Marinade-Zutaten in einer Glasschüssel gut verrühren und in einen großen Ziplock-Beutel oder nicht-metallisches verschließbares Gefäß gießen.

2. Die Hühnerteile hinzugeben, Marinade ein wenig einmassieren und im Kühlschrank marinieren lassen (2–3 Stunden oder über Nacht).

3. Grill-Vorbereitung:
Räucherchips einweichen und in Smokerbox füllen oder in Alufolie wickeln und auf der Oberseite mit der Gabel ein paar Löcher stechen (siehe Seite 31).

4. Box oder Alupaket direkt über dem Feuer (Gasflamme oder Glut) positionieren. Grilltemperatur auf gut 220 °C bringen.

5. Mariniertes Huhn aus dem Kühlschrank nehmen.

6. Grillen:
Sobald die Rauchentwicklung beginnt, die abgetupften Hühnerteile rund um die Smokerbox auf den Grill legen (indirekte Hitze) und den Deckel schließen. Es ist wichtig, mit dem Fleisch zu warten, bis Rauch produziert wird.

7. Nach 15 Minuten wenden, noch 5 Minuten (bzw. bis das Fleisch komplett durch ist) weitergrillen.

8. Fleisch vom Grill nehmen und vor dem Aufschneiden 5 Minuten ruhen lassen.

Tipps:

Das Fleisch schmeckt auch hervorragend kalt am nächsten Tag, dünn aufgeschnitten oder als „Chicken Caesar Salad“, wie auf den folgenden Seiten! Was nicht gleich gegessen wird, bis zur Verwendung natürlich im Kühlschrank aufbewahren oder einfrieren.

Mehr Tipps zum Thema Smokerbox und geeigneten Holzsorten auf Seite 31/32.

Vom leckeren Mesquite Smoked Coffee Chicken gleich etwas mehr grillen: am nächsten Tag lässt sich damit ein toller Salat zubereiten!

BBQ CHICKEN CAESAR SALAD

In den USA ist Caesar Salad wohl der beliebteste Salat überhaupt, und es gibt unzählige Versionen. Besonders beliebt ist der „Chicken Caesar", der in Restaurants mittags gerne als schnelle Hauptmahlzeit bestellt wird.

Unser Caesar-Dressing ist etwas peppiger als „normal". Anrühren und ½ Stunde ziehen lassen.

Brotwürfel im Knoblauch-Öl knusprig-goldbraun rösten und noch heiß bestäuben.

Beim Bestäuben der Croutons mit Chilipulver hilft ein Teesieb. Hartgesottene nehmen Habanero.

Zutaten (4 Portionen)

- 1–2 Köpfe Römersalat
- 250 g gegrilltes Hühnchenfleisch (z. B. Seite 78)
- 3 EL Parmesankäse (original Parmigiano-Reggiano am Stück), frisch grob gerieben

Für das Dressing:

- 1 Knoblauchzehe
- 6 EL gute Mayonaise
- 4 EL fettarmer Joghurt (1,5%)
- 1 EL Senf, mittelscharf
- 3 TL Worcestershiresauce
- 1 TL Zitronensaft
- Peperoncino, gemahlen (ersatzweise Cayenne)
- je 1 Prise Pfeffer und Salz

Für die Croutons:

- 1 Scheibe Weißbrot oder Toastbrot ohne Rinde
- 1 Knoblauchzehe
- 2 EL Olivenöl
- Peperoncino, gemahlen

So geht's:

1. Dressing:
Mayonnaise, Joghurt, Senf, Worcestershire Sauce, einer zerdrückten Knoblauchzehe und Zitronensaft in einer kleinen Schüssel glatt rühren. Mit ½ TL Peperoncino sowie Pfeffer und Salz abschmecken.

2. Croutons:
Die andere Knoblauchzehe in Scheiben schneiden und im Olivenöl in einer Pfanne bei mittlerer Hitze unter häufigem Rühren anrösten, dann entfernen. Brotwürfel im Knoblauchöl 3–4 Minuten schön goldbraun braten, dabei häufiger wenden. Auf ein Blatt Küchenkrepp geben und noch heiß mit Chilipulver bestäuben; abkühlen lassen.

3. Salat waschen, die Blätter abtupfen, zerpflücken und für jeden Gast in Schüsseln oder tiefen Tellern anrichten. Das Dressing über den Salat geben und leicht unterheben.

4. Das dünn geschnittene Hühnchenfleisch dazugeben und vermengen.

5. Mit dem frisch grob geriebenen Parmesankäse und den Croutons bestreuen. Sofort servieren.

Tipp: Optional zusätzlich Avocadowürfel unter den Salat mischen!

Woher kommt der Caesar Salad?

Benannt wurde der Salat nach dem Italo-Amerikaner Cesare Cardini, der in den 1920er Jahren im mexikanischen Tijuana ein Restaurant namens „Caesar's Place" betrieb. Am 4. Juli 1924, dem USA-Nationalfeiertag, gab es dort angeblich einen Ansturm, dem Cesares Küche kaum gewachsen war.

Reichlich vorhanden waren noch grüner Salat und ein paar weitere Zutaten, aus denen der erfindungsreiche Chef den „Caesar Salad" kreierte und alle Gäste satt bekam.

Original dient als Basis Römersalat (auch als *Roma* oder *Romaine* bekannt, siehe Bild). Wir machen das Salatdressing natürlich nicht mit rohen Eiern, sondern mit fertiger Mayonaise, und damit es schlanker wird, mit fettarmem Joghurt. Als Fleisch für unseren Chicken Caesar Salad verwenden wir gegrilltes Hühnchen ohne Haut, am besten das am Tag zuvor gegrillte Mesquite Smoked Coffee Chicken. Unentbehrlich sind knusprige Croutons, bei uns natürlich „aufgepeppert", genau wie das Dressing, dazu Späne von Parmesankäse.

Roasted Pepper & BBQ Chicken Soup

Herzhafte Suppe mit gerösteten Paprika, Chilis und Barbecue-Hähnchen

Was denn, eine Suppe in einem Barbecue-Buch? Na klar, denn hier kommen drei Zutaten aus dem Feuer: Geröstete Paprika und grüne Chilis sowie Hähnchen aus dem Smoker oder mit Wood-Chips aromatisiert vom Grill. Die Basis bilden milde rote Gemüsepaprika, den Biss liefern rote scharfe Chilis. Die Röstaromen der Peppers und das Hähnchenfleisch geben eine rauchig-raffinierte Note. Eine herzhafte wärmende Suppe, besonders wenn es draußen kalt wird. Dazu noch perfekte Barbecue-Resteverwertung!

Soweit keine Reste vorhanden, Hähnchenfleisch grillen.

Paprika und Chilis auf dem Grill rösten ...

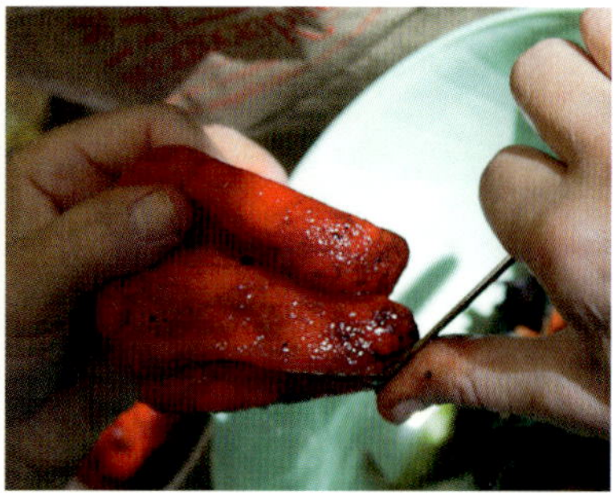

... und enthäuten, sowie das „Innenleben“ der Schoten entfernen.

Zutaten (4 Portionen)

- 250 g Hähnchen vom Grill oder – noch besser – aus dem BBQ Smoker 4 große rote Gemüsepaprika
- 3–4 grüne New Mexican Chilis *
- 1 große Zwiebel
- 3 Knoblauchzehen
- 1 l Hühnerbrühe (ersatzweise Brühwürfel in 1 l warmem Wasser auflösen)
- 2–4 kleine rote Chilis – Peperoncini, Cayenne, Thai oder Birdeye (vorzugsweise frisch, ersatzweise getrocknet)
- 1 EL Koriandersamen, gemahlen
- Je 1 TL Kumin, und Macis (Muskatblüte), gemahlen
- 1 Msp. Nelken, gemahlen
- 2 EL Olivenöl
- 2 EL Butter
- Pfeffer, Salz und Hot Sauce zum Abschmecken
- Frische Kräuter (Korianderkraut oder Basilikum) zur Garnitur

So geht's:

1. Gemüsepaprika auf dem Grill rösten und die Haut abziehen (Anleitung dazu siehe Seite 22), Stiel, Samen und Innenwände entfernen; grob hacken.

2. Grüne Chilis ebenfalls rösten, entstielen und enthäuten, dann in ½ cm breite Streifen schneiden.

3. Zwiebel grob, Knoblauch fein hacken, die frischen roten Chilis entstielen und fein hacken (Handschuhe!)

4. In einem Suppentopf auf mittlerer Stufe das Olivenöl und die Butter erhitzen und darin Zwiebel, Knoblauch, rote Chilis, Koriander, Kumin, Nelken und Macis etwa 10 Minuten schmoren; regelmäßig umrühren.

5. Hühnerbrühe und rote Paprika hinzugeben und zum Kochen bringen. Etwa 5 Minuten unter häufigem Rühren sprudelnd kochen, dann die Temperatur reduzieren und weitere 15 Minuten köcheln lassen.

6. Etwas abkühlen lassen und im Mixer oder mit dem Stabmixer im Topf pürieren.

7. Suppe wieder erhitzen und unter Rühren 15 Minuten lang kochen lassen.

8. Die gerösteten grünen Chilis und das Barbecue-Huhn dazugeben; ein paar Chili-Streifen zur Garnitur abzweigen. Mit Pfeffer und Salz abschmecken.

9. Heiß servieren. Teller mit gehackten Chilistreifen und Kräutern garnieren.

Tipp: Dazu passen angewärmte Weizenmehl-Tortillas, Tortilla-Chips oder auf dem Grill leicht angeröstete Ciabatta-Stücke.

* Sind keine grünen Chilis vom Typ New Mexican (Anaheim, Sandia usw.) verfügbar, tun es ersatzweise grüne große lange Peperone oder grüne türkische Paprika (Wochenmarkt).

Zwiebel, Knoblauch, rote Chilis und Gewürze in Öl und Butter schmoren ...

... mit der Brühe aufgießen, Paprika zugeben und unter Rühren kochen.

Suppe pürieren, dann gewürfeltes Huhn und grüne Chilis zugeben, abschmecken und servieren.

Bayou Shrimps mit Cajun-Butter

Im US-Bundesstaat Louisiana liebt man es pikant – Kräuter, Gewürze und Hot Sauce sind fester Bestandteil der Cajun- und Creole-Küche. Dank seiner Bayous und dem Golf von Mexiko stehen Fisch und Shrimps ganz oben auf der Speisekarte. Mit diesem Rezept zaubern Sie Louisiana-Feeling auf Ihre Grillterasse. Der Geschmack ist wirklich authentisch, legen Sie dazu am besten Zydeko-Musik auf oder holen Sie das Akkordeon raus!

Shrimps gekühlt in der Bayou Shrimp-Marinade ziehen lassen. Ein wiederverschließbarer Gefrierbeutel erweist sich hier als praktisch. Marinade ein wenig einmassieren.

Shrimps während des Grillens mit der abgezweigten Marinade bepinseln. Das Grilllen kann in einem Grillkorb geschehen, wir finden Bambus- oder abgeflachte Spieße hilfreicher.

Während die Shrimps grillen, können Sie auf dem Grill die Butter schmelzen und die Cajun-Würzmischung einrühren. Butter zur Verwendung ggf. erneut etwas aufwärmen.

Zutaten (3-4 Portionen)

500 g mittelgroße rohe Shrimps ohne Schale

Petersilie zur Garnitur

Bayou Shrimp-Marinade:

100 ml Sonnenblumenöl

3 EL Frühlingszwiebel, gehackt (weißer und grüner Teil)

2 Knoblauchzehen

5 TL *Cajun-Würzmischung* (Seite 200)

Cajun-Butter:

100 g Butter

2 TL *Cajun-Würzmischung* (Seite 200)

2 TL Louisiana Hot Sauce („Red Pepper Sauce")

So geht's:

1. *Marinade:*
Alle Marinaden-Zutaten in einer Schüssel gut verrühren; ein wenig von der Marinade zum Bestreichen beim Grillen beiseite stellen.

2. Die abgespülten und trocken getupften Shrimps hinzufügen und gut vermengen. Zugedeckt im Kühlschrank eine Stunde marinieren lassen.

3. *Cajun-Butter:*
Butter bei niedriger Temperatur in einem kleinen Topf schmelzen und die Cajun-Würzmischung einrühren, Topf vom Feuer nehmen.

4. *Shrimps grillen:*
Shrimps bei mitterer Temperatur und direkter Hitze je nach Größe etwa 4 bis 7 Minuten grillen. Hierfür kann man einen Grillkorb verwenden, wir bevorzugen Bambus- oder abgeflachte Holzspieße (zum Schutz vor Verbrennen vorher eine Stunde in Wasser legen).

5. Shrimps mehrmals wenden und mit der beiseite gestellten Marinade bestreichen.

6. Shrimps auf Reis servieren und mit der Cajun-Butter begießen. Weitere Cajun-Butter zum Dippen bereitstellen.

Tipps

In Louisiana wird viel Reis angebaut, darum gibt es ihn zu vielen Gerichten als Beilage. Auch die Bayou Shrimps mit Cajun-Butter schmecken lecker auf Reis, dazu passen auch noch die *Black Beans mit Habanero* (Seite 136), und schon haben Sie ein komplettes Gericht.

Auch Fisch (zum Beispiel Kabeljau oder Rotbarsch) lässt sich auf diese Weise zubereiten und seriveren.

Coco Nut smoked Red Snapper

Dieses ungewöhnliche Rezept aus Hawaii verwendet ursprünglich Mahi-Mahi. Der bei uns als Goldmakrele bekannte Fisch ist hierzulande eher schwer erhältlich, es klappt aber auch genauso gut mit Red Snapper, Rotbarsch, Seelachs und Kabeljau. Das Besondere ist ohnehin die Art der Zubereitung, nämlich indirekt gegart im Water Smoker. Nicht jeder Griller hat Platz, sich auch noch so ein Gerät hinzustellen, daher zeigen wir, wie es auch im Kugelgrill klappt. Weiterer Clou: Als Räuchermaterial dient hier kein Holz, vielmehr aromatisiert hier **eine frisch aufgeschlagene Kokosnuss** (Fleisch und Schale) mit süßlichem dickem Rauch. Danke an Dave DeWitt für dieses Rezept, das inzwischen zu unseren Barbecue-Favoriten gehört.

Den Fisch erst eine halbe Stunde vor dem Grillen in die Marinade geben. Dann haben Sie Zeit, eine Kokosnuss zu zerlegen.

Nuss zunächst anbohren und Kokosmilch auffangen. Die Schale inklusive des Fruchtfleisches in handliche Stücke zerlegen.

Die Nuss-Stücke kommen auf die glühenden Kohlen. Eine Grillzange erweist sich dabei als nützlich.

Zutaten (4 Portionen)

- 4 Fischfilets (siehe links)
- 1 Rezept *Tropische Frucht-Salsa mit Habanero* (Seite 182)
- 1 frische Kokosnuss, in Stücke gebrochen (vorher die Milch auffangen)

Für die Marinade:

- 50 ml Sonnenblumenöl
- 2 EL Reiswein (Sake)
- Saft einer Limette (ca. 50 ml)
- 1 Messerspitze Habanero, gemahlen
- 1 TL frische Ingwerwurzel, geschält und fein gehackt

So geht's:

1. Fisch waschen, mit Küchenkrepp abtrocknen und leicht salzen.

2. Marinaden-Zutaten gut verrühren und über die Fischfilets geben (am besten in einem verschließbaren Kunststoffbeutel, ansonsten in einem passenden nichtmetallischen Gefäß), 30 bis 45 Minuten gekühlt marinieren lassen, 10 Minuten vor dem Grillen aus dem Kühlschrank nehmen.

3. **Im Water Smoker:** Gerät aufheizen, Wasserschale mit Kokosnussmilch und Wasser (1:2) befüllen, Kokosnuss-Stücke auf der heißen Glut verteilen. Den marinierten Fisch auf den Grillrost legen und Smoker schließen. Gardauer je nach Temperatur 1–2 Stunden.

Im Kugelgrill: Hier müssen wir etwas tricksen, weil uns eine Etage fehlt. Siehe Schritte unten auf dieser Seite!

4. In beiden Fällen mit zuvor erhitzter Flüssigkeit beginnen und – falls erforderlich – auch heißes Wasser nachfüllen (nach etwa der Hälfte der Garzeit überprüfen).

5. Fischfilets auf gekochtem Reis anrichten, etwas Tropical Fruit Salsa daraufgeben und weitere Salsa separat auftischen.

Was ist ein Water Smoker? So ein Gerät sieht aus wie eine Tonne – unten wird sie befeuert, mit Räucherholz oder -Spänen auf der Glut. Darüber befindet sich eine Wasserwanne, und darüber der Rost mit dem Gargut. Der Clou: Fisch oder Fleisch werden vom Wasserdampf gegart und werden somit nie heißer als dieser, also um die 100 °C; zugleich sorgt der Rauch für Aromatisierung. Das Ergebnis ist besonders bei Fisch zart und schmackhaft.

Im Kugelgrill kommt die Kohle wie gewohnt auf den Kohlenrost. Direkt auf die Glut kommen die Kokosstücke. Eine große Alu-Tropfschale kommt nicht unter, sondern auf den Grillrost, direkt über die Glut.

Die Tropfschale wird mit Kokosmilch und Wasser (1:2) befüllt, als weiterer Rost wird beispielsweise ein Kuchenabkühlgitter daraufgelegt. Auf dieses Gitter, leicht eingeölt, kommt nun der Fisch.

Grill schließen, Luftlöcher halb geöffnet lassen. In unserer 47er Kugel war der Fisch schon nach ca. 45 Minuten gar, weil sich die Temperatur nicht so niedrig halten lässt wie im „echten“ Water Smoker (Temperatur im Grill ca. 250 °C).

Spicy Teriyaki Lachs

„Teriyaki“ ist eine Zubereitungsart in der japanischen Küche, bei der Fisch, Fleisch und Gemüse mit einer speziellen Soße mariniert und dann gebraten, gegrillt oder geschmort werden, mehr dazu finden Sie bei unserer *Teriyaki-Marinade Spicy*, Seite 194. Gegenüber fertigen Teriyaki-Marinaden und -Soßen in der Flasche haben wir unsere Teriyaki-Marinade natürlich noch ein wenig „aufgepeppert“.

Hätten Sie‘s gewusst?

Auf Japanisch bedeutet *teri* „Glanz“ und *yaki* „grillen, schmoren“.

Zutaten (4 Portionen)

4 Lachsfilets zu je ca. 250 g (vorzugsweise mit einer Hautseite)

1 Rezept *Spicy Teriyaki-Marinade* (Seite 194)

So geht's:

1. Die Marinade zubereiten

2. Die Lachsfilets waschen und abtrocknen.

3. In eine verschließbare Plastiktüte geben und die Marinade hineingießen,

4. dabei ca. 50 ml zurückbehalten, um die Filets später auf dem Grill nochmals überpinseln zu können.

5. Die Tüte ein wenig massieren, damit der Fisch überall mit Marinade bedeckt ist.

6. 15 bis maximal 30 Minuten im Kühlschrank marinieren lassen.

7. Die Filets herausnehmen, abtropfen lassen und entweder auf den gut geölten Grillrost oder aber auf ein gut geöltes Grilltablett legen, Hautseite nach unten.

8. Bei geringer oder indirekter Hitze ca. 15 Minuten grillen, nochmals mit Marinade bepinseln und noch ca. 3 Minuten fertiggaren. Der Fisch sollte sich mit einer Gabel leicht in Flocken ablösen.

Tipps:

Dazu passt ein leichtes Zucchini-Gemüse oder gegrillter pikanter Kürbis (Seite 154), und natürlich Reis.

Haben Sie von der Marinaden-Zubereitung noch Sake übrig? Servieren Sie nach dem Essen ein Gläschen vom Reiswein, den Sie in einem feuerfesten Töpfchen auf dem Grill erhitzen!

Marinade zubereiten (Seite 194) und ein wenig beiseite stellen.

Lachs 15-30 Minuten marinieren lassen.

Beim Grillen mit der abgezweigten Marinade pinseln.

FORELLE BASKISCHE ART AUF DER ZEDERN-PLANKE

Die Zedernplanke ist eine ganz besondere Art der Zubereitung: Der Fisch wird aromatisiert, und das Holz sorgt für schonendes Garen ohne Gefahr, dass der Fisch verbrennt. Für milde Schärfe, die den Geschmack des Fisches hebt und nicht beeinträchtigt, sorgt der baskische Chili *Piment d'Espelette* (Info Seite 14). Die Lachsforelle mit ihrem schmackhaften rosa Fleisch macht sich hier besonders gut.

Zutaten für die Füllung (links) und für die Kruste (rechts)

Mischen der pikanten Füllung

Mischen der würzigen Kruste

Den Fisch füllen, Kruste drauf ...

... und ab auf die Planke

Zutaten (4 Portionen)

2 große frische Lachsforellen (je ca. 600 g), ausgenommen

1 Rezept *Espelette-Senf-Sahnesoße* (Seite 176)

Für die Füllung:

1 große rote Gemüsepaprika

2 Schalotten

2 Knoblauchzehen

100 g Bayonne-Schinken (ersatzweise Serrano)

2 TL Piment d'Espelette, gemahlen

½ TL Thymian, getrocknet, oder 1 TL frisch, gehackt

Schwarzer Pfeffer, gemahlen, zum Abschmecken

3 EL Olivenöl

Für die Kruste:

30 g Semmelbrösel

60 g Parmesankäse, frisch gerieben

6 EL Meerrettich, frisch gerieben (ersatzweise Fertigprodukt)

1 EL Piment d'Espelette, gemahlen

3 EL Olivenöl

½ TL Salz

So geht's:

1. Zedernplanke ca. eine Stunde in Wasser legen.

2. Alle Zutaten für die Kruste in einer kleinen Schüssel intensiv vermischen und beiseite stellen.

3. Für die Füllung die Paprika rösten und enthäuten (Seite 22). Nach Entstielen und Entfernen des Innenlebens in kleine Würfel schneiden, ebenso den Schinken.

4. Schalotten und Knoblauchzehen pellen, fein hacken.

5. In einem kleinen Topf das Öl erhitzen, Paprika und Zwiebel darin andünsten. Knoblauch, Schinken und Gewürze zugeben und bei nicht zu starker Hitze ein paar Minuten weiterschmoren; mit dem Pfeffer abschmecken. Etwas abkühlen lassen.

6. Grill für einstündiges Grillen bei direkter mittlerer Hitze vorbereiten (ca. 200 bis 220 °C).

7. Die Forellen innen und außen gründlich waschen, abtrocknen, Füllung in die Forellen geben und festdrücken.

8. Grillplanke ein paar Minuten im geschlossenen Grill vorheizen.

9. Planke aus dem Grill nehmen (Vorsicht, heiß!) und auf der oberen (glatten) Seite mit Pflanzenöl flächendeckend dünn einpinseln.

10. Forellen auf die geölte Holzfläche legen und gut mit der Krusten-Mischung bedecken.

11. Planke mit Forellen auf den Grillrost über die Glut legen und im geschlossenen Grill ca. 45 Minuten garen. Der Fisch ist gar, wenn sich eine Flosse leicht herausziehen lässt.

    Während der Fisch gart, die Espelette-Senf-Sahnesoße zubereiten (Seite 176).

12. Die Forellen mit der Espelette-Senf-Sahnesoße auf Reis anrichten.

Tipps:

Weitere Hinweise und Tipps zum Thema Planken-Grillen finden Sie auf Seite 92.

Probieren Sie die Kruste auch auf Kabeljau- oder Lachsfilets von der Planke!

Zedern-Planken: Grillen wie die „Indianer“

Derzeit noch ein Geheimtipp unter Grill-Profis: Das in USA und Kanada beliebte „Plank Grilling“ – einfaches (und leckeres!) Grillen auf der Holzplanke. Hier bietet sich vor allem die pazifische Zeder an.

Für die Ureinwohner der amerikanischen Pazifikküste spielte die Rotzeder Jahrhunderte lang eine wichtige Rolle in ihrem Leben: Sie fertigten aus dem Holz ihre Einbaum-Kanus für den Fischfang, bauten Gemeinschaftshäuser und schnitzten aus den Stämmen ihre Totems. Selbst die Rinde fand Verwendung, etwa zum Flechten von Körben und zum Weben von Stoffen. Auch Medizin wurde aus dem vielseitigen Baum gewonnen. Besonders bedeutsam war aber eine weitere Verwendung des Holzes:

Auf Zedernholzbrettern wurde der im Pazifik gefangene Fisch gegart. Zum einen wurde er damit aromatisiert, zum anderen sorgte das Holz für ein schonendes Garen ohne Gefahr, dass der Fisch verbrennt. Später übernahmen dort auch europäische Siedler diese Garmethode und verfeinerten sie, und heute erfreut sich das „Plank Grilling“ in den USA und in Kanada enormer Beliebtheit.

Der Vorteil von Zedernholz besteht darin, das es frei von Harzen ist, die beim Grillen unangenehmen Geschmack geben würden, und es hat auf Grund seiner Zellstruktur mit eingebetteten Hohlräumen gute isolierende Eigenschaften. Die im Holz enthaltenen Öle verbreiten einen aromatischen Duft, und der kommt Grillern zugute, die damit Fisch und andere Speisen mit einer einmaligen Note versehen können. Die „Temperaturregelung“ beim Grillen auf der Zedernplanke sorgt zudem für schonendes Garen, wodurch besonders Fisch und Geflügel, aber auch Gemüse zart und saftig gelingt.

Nicht nur Hobby-Griller bereiten Gegrilltes auf der Zedernplanke zu – besonders „Cedar Planked Salmon“ findet sich auf der Speisekarte vieler namhafter Restaurants und wird oft sogar direkt auf dem Holzbrett serviert. Inzwischen bekommt man die Planken im gut sortierten Grillfachhandel.

Als „Grillchef“ können Sie Ihre Gäste mächtig beeindrucken – durch spektakuläre Technik am Grill, und durch das Servieren der Leckereien direkt auf der Planke.

Vor Benutzung muss die Planke in Wasser eingeweicht werden. Dazu bietet sich ein Backblech oder die Fettpfanne des Backofens an.

Zum Vorheizen und sonstigen Hantieren mit der Planke empfiehlt sich eine Grillzange.

So sieht eine Planke nach intensiver Benutzung von unten aus.

So funktioniert das Plank Grilling

Das Wirkungsprinzip ist einfach: Auf der zuvor in Wasser eingeweichten Planke kommen Fisch, Fleisch oder Gemüse auf den Grill. Bei der Erhitzung verdampfen die im Holz enthaltenen Aromastoffe und werden vom darauf liegenden Grillgut aufgenommen. Und da dieses nie heißer werden kann als die Planke, wird es zudem schonend gegart. Netter Nebeneffekt: der Grillrost bleibt sauber! So geht's:

1. Damit das Holz nicht verbrennt und es seine Aromastoffe langsam abgibt, muss man es zunächst in Wasser quellen lassen – mindestens 1 Stunde, besser jedoch 2 bis 3 Stunden.

2. Den Grill – Gas und Holzkohle eignen sich gleichermaßen – auf mittlere Hitze vorheizen (ca. 200 bis 220 °C). Wieweit es im Elekrogrill klappt, hängt vom Modell ab. Da die Planke Rauch entwickelt, sollte damit auch beim E-Grill nur im Freien gearbeitet werden.

3. Planke ein paar Minuten in den geschlossenen vorgeheizten Grill legen, um sie aufzuheizen und zu sterilisieren (glatte Seite nach oben).

4. Auf der oberen (glatten) Seite mit Oliven- oder einem anderen guten Pflanzenöl mit einem Pinsel flächendeckend dünn einstreichen.

5. Grillgut auf die geölte Fläche legen; außen sollte ein Rand von ca. 2 bis 3 cm frei bleiben.

6. Grill schließen. Bei einem offenen Grill ersetzt ein großes Stück Aluminiumfolie die fehlende Grillabdeckung.

7. Sofort nach dem Auflegen die Hitze reduzieren, wodurch ein schonenderes Garen erreicht wird und die Planke weniger leicht zu brennen beginnt. Bei Gasgrills hat sich eine Innenraum-Temperatur im Bereich von 175 bis 260 °C bewährt.

8. Je nach Grillgut (Fisch, Fleisch oder Gemüse) und dessen Stärke 5 bis 25 Minuten bei geschlossenem Grill garen. Nicht zu oft „spicken", da wertvolle Wärme verlorengeht und sich die Garzeit verlängert.

9. Gemüse? Ja, auch Gemüse lässt sich auf der Grillplanke bestens garen und mit dem feinen Zedern-Aroma veredeln – siehe Seite 130. Bei Kartoffeln möglichst kleine Exemplare wählen und halbieren; leicht vorgaren (am besten in der Mikrowelle). Größere Zucchini oder Auberginen in Scheiben schneiden, kleinere längs halbieren. In jedem Fall Gemüse leicht einölen. Gewürzt wird das Gemüse hinterher.

Auch Gemüse lässt sich bestens auf der Planke Grillen und bekommt ein feines Aroma.

10. Sie können direkt auf der Grillplanke servieren; sorgen Sie aber auf jeden Fall für eine hitze- und feuerfeste Unterlage für die glühendheiße Planke auf dem Tisch! Falls Sie das Grillgut von der Planke nehmen, entfernen Sie diese vom Grill (Zange oder Handschuh!) und legen sie auf einer feuerfesten Unterlage ab. Falls es „kokelt", Planke in Wasser tauchen oder mit einem Wasserschlauch abspritzen.

Reinigung und Wiederverwendung: Je nach Beanspruchung kann eine Grillplanke 3–5 mal verwendet werden. Nach dem vollständigen Abkühlen kann die Grillplanke mit heißem Wasser und einer Bürste beidseitig gut gereinigt werden (einige Hersteller empfehlen ggf. die Verwendung von etwas Geschirrspülmittel – dies könnte unseres Erachtens jedoch je nach Mittel zu geschmacklichen Beeinträchtigungen führen). Auf jeden Fall die Planken nicht im Geschirrspüler reinigen! Bei Zimmertemperatur gut trocknen lassen (gut belüftet, und nicht auf die Heizung oder in die Sonne, sonst könnten sich Risse bilden).

KARIBISCHES FISCHFILET

mit Ananas-Ingwer-Soße

Während unserer Jahre in Florida haben wir *Grouper* kennen und schätzen gelernt, einen in der Karibik beheimateten Tiefseebarsch mit festem, schmackhaftem weißem Fleisch. Auch unser Freund Dave DeWitt, begeisterter Angler, mag diesen Fisch, und er bereitet ihn gerne so zu, wie er es auf den Virgin Islands kennengelernt hat:

Über Holzkohle gegrillt und dabei laufend mit einer würzig-scharfen Weißwein-Butter-Soße gepinselt, damit er schön saftig bleibt. Grouper ist bei uns schwer zu bekommen, aber es eignen sich auch verschiedene bei uns erhältliche Fische. Dazu dann noch eine fruchtig-feurige Ananas-Soße, und der Karibik-Urlaub daheim kann losgehen!

Zutaten für die „Basting Sauce“.

Zubereitung der Sauce in einem kleinen Topf.

Pinseln der Fischfilets mit der Basting Sauce.

Zutaten (4 Portionen)

4 Fischfilets oder Fisch–Steaks (Rotbarsch, Lachs oder Heilbutt)

1 Rezept *Ananas-Ingwer-Soße mit rotem Habanero* (Seite 164)

Korianderkraut (Cilantro) zur Garnitur

„Basting Sauce“, d. h. Soße zum Bepinseln:

50 g Butter

100 ml Ananassaft

50 ml Weißwein

1 Habanero, frisch oder eingelegt, fein gehackt

Pfeffer und Salz zum Abschmecken

So geht's:

1. Die Ananas Ingwer-Soße zubereiten. Dies kann auch schon am Vortag geschehen.

2. Basting Sauce: Butter in einem kleinen Topf bei niedriger Temperatur schmelzen. Die übrigen Basting-Sauce-Zutaten einrühren; Soße beiseite stellen.

3. Fischfilets waschen, trocken tupfen und ein wenig salzen.

4. Grill für direktes Grillen bei mittlerer Hitze vorbereiten. Der Rost sollte mit großem Abstand über der Glut hängen, damit der Fisch nicht verbrennt.

5. Die Filets schon einmal beidseitig mit der Basting Sauce pinseln und auf dem gut eingeölten Rost ca. 8 Minuten grillen, bzw. bis das Fleisch innen weiß und nicht mehr durchscheinend ist. Während des Grillens immer wieder mit der Basting Sauce pinseln; nur einmal vorsichtig wenden.

6. Die garen Fischfilets jeweils auf einem Reisbett anrichten, etwas Ananas-Ingwer-Soße darüber geben und mit frisch gehacktem Korianderkraut garnieren. Restliche Ananas-Ingwer-Soße dazu auftischen.

Sind Ihnen gegrillte Fischfilets und Ananas-Ingwer-Soße übriggeblieben? Damit lässt sich auch ein toller Salat als leichtes Mittagessen zaubern: Ein Bett aus kleinen Salatblättern, gestiftelten Karotten und dünn geschnittenen grünen Paprika anrichten, Fischfilet darauf geben, mit der Soße übergießen und mit gerösteten Mandeln oder Macadamia-Nüssen bestreuen.

Jerk-Fischfilet auf der Zedern-Planke

Der Ruf der Karibik! Der Fisch wird von der Zedern-Planke und dem karibischen Würzmix aromatisiert und dabei schonend gegart.

Jerk-Marinade gemäß Rezept auf Seite 193 anrühren ...

... und den Fisch ca. 30 Minuten darin marinieren. Am bequemsten klappt das mit einem wiederverschließbaren Gefrierbeutel.

Fisch 20–30 Minuten auf der vorgeheizten und geölten Planke garen – natürlich im geschlossenen Grill.

Zutaten (2 Portionen)

- 1 großes Fischfilet (Seelachs, Rotbarsch oder Kabeljau)
- ½ Rezept Karibische Jerk-Marinade (Seite 193)
- 1 Zedern-Planke

Tipps:

Als Beilage empfehlen wir Reis und die **Tropische Frucht-Salsa mit Habanero** (Seite 182).

Mehr zum Grillen auf der Planke auf Seite 92.

So geht's:

1. Zedern-Planke ca. eine Stunde in Wasser legen (zum Beispiel auf einem Backblech).

2. Fischfilet waschen, mit Küchenkrepp trockentupfen und in einen wiederverschließbaren Plastikbeutel oder nichtmetallisches Gefäß geben. Mit der Marinade übergießen und gut einmassieren.

3. Im Kühlschrank den Fisch 30 Minuten marinieren.

4. Grill für eine halbe Stunde Grillen bei direkter mittlerer Hitze vorbereiten (ca. 200 bis 220 °C).

5. Grillplanke ein paar Minuten in den geschlossenen vorgeheizten Grill legen, um sie aufzuheizen und zu sterilisieren (glatte Seite nach oben).

6. Grillplanke aus dem Grill nehmen (Vorsicht, heiß!) und auf der oberen (glatten) Seite mit Oliven- oder einem anderen guten Pflanzenöl mit einem Pinsel flächendeckend dünn einstreichen.

7. Das marinierte Fischfilet abtropfen lassen und auf die geölte Holzfläche legen.

8. Planke mit dem Fisch auf den Grillrost über die Glut legen und im geschlossenen Grill ca. 20 bis 30 Minuten garen. Der Fisch ist gar, wenn sich mit einer Gabel leicht Flocken ablösen lassen.

9. Sie können direkt auf der Grillplanke servieren; sorgen Sie aber auf jeden Fall für eine hitze- und feuerfeste Unterlage für die glühendheiße Planke auf dem Tisch!

10. Falls Sie den Fisch von der Planke nehmen, entfernen Sie diese vom Grill (Zange oder Handschuh!) und legen sie auf einer feuerfesten Unterlage ab. Sollte die Planke von unten „kokeln", in Wasser tauchen.

11. Den Fisch mit Reis, tropischen Früchten und/oder pikanter tropischer Frucht-Salsa servieren.

Baja Fish Tacos

San Diego liegt im Süden Kaliforniens, an der Grenze zur mexikanischen *Baja California*. Kein Wunder, dass als Fastfood hier mexikanische Tacos dominieren, direkt an der Küste als *Baja Fish Taco*. Der Fisch ist frittiert oder pikant gewürzt gegrillt und kommt in einer Mais- oder Weizenmehl-Tortilla. Weitere Zutaten: Salat, Tomaten, oft auch Avocados, dazu eine helle Soße. Wir haben in San Diego verschiedene Fish Tacos probiert; aus den Erfahrungen entstand unsere Version.

Fischfilets 30 Minuten in der Marinade ziehen lassen ...

... und 10–15 Minuten grillen.

Tortillas auf dem Grill erwärmen, aber nicht zu knusprig toasten.

Zutaten (5–6 Stück *)

- 500 g Fischfilet (Rotbarsch, Kabeljau oder Seelachs)
- ¼ bis ½ Kopf Eisbergsalat oder Romaine, gewaschen, in feine Streifen geschnitten
- 6–8 Cherry- oder Datteltomaten, in Streifen oder Würfel geschnitten
- 1 reife Avocado, in Würfel geschnitten
- 5–6 Weizenmehl- oder Maistortillas
- 1 Rezept *Margarita-Marinade* (Seite 191)

Für die Soße:

- 3 EL Mayonnaise
- 3 EL Magermilchjoghurt
- 1 EL Limettensaft, frisch gepresst
- 1 TL Knoblauch, fein gehackt
- 1 TL Ingwerwurzel, fein gehackt
- ½ TL Cayenne od. Peperoncino, gemahlen
- 1 EL Korianderkraut (Cilantro), gehackt

* rechnen Sie mit 2 Stück pro Person

So geht's:

1. Fisch ggf. auftauen (Kühlschrank). Fisch waschen, mit Küchenkrepp trockentupfen und in die Margarita Marinade legen (flache Schale oder wiederverschließbarer Gefrierbeutel). 30 Minuten marinieren lassen.

2. Grill für 20–30 Minuten direktes Grillen bei direkter Hitze vorbereiten.

3. Fisch aus der Marinade nehmen, leicht abtropfen lassen und auf gut geöltem Rost 10–15 Minuten grillen, dabei einmal wenden.

4. Parallel dazu die Tortillas nacheinander kurz 10–15 Sekunden erwärmen und in ein sauberes Geschirrtuch einschlagen, um sie warm zu halten.

5. „Zusammenbau" der Fish Tacos:

Jede Tortilla ca. 90 Grad abwinkeln und auf einer Seite dünn Soße auftragen. Darauf einige Fischstücke, Salat, Tomaten und Avocado-Würfel geben, darauf nochmals etwas Soße.

6. Tortilla zusammenklappen, abbeißen, genießen und von der Baja California träumen!

Die leckere Soße ist blitzschnell gerührt.

Tipp: Alle Zutaten zum individuellen Selberfüllen auftischen.

Tipp: Gegrillter Fisch übrig geblieben? Machen Sie daraus unseren leckeren *Fish Spread* (Seite 102)

Margarita Grilled Shrimp & Avocado Quesadilla

Ein tolle mexikanische Vorspeise, bevor der Hauptgang auf den Grill kommt. Quesadillas essen wir aber auch gern mal als Hauptmahlzeit, einfach Salsa und Salat dazu. Olé!

Shrimps im Kühlschrank eine Stunde in der Margarita-Marinade ziehen lassen ...

... und dann grillen, bis sie nicht mehr glasig sind. Holz- oder Bambusspieße sind dabei praktisch.

Die Hälfte der Tortillas mit der zuvor zubereiteten Guacamole bestreichen ...

Zutaten (3–4 Portionen)

- 250 g kleine Shrimps, ohne Kopf und Schale (aufgetaut, falls gefroren)
- 6 Weizenmehl-Tortillas (15–17 cm Durchmesser)
- Etwas Pflanzenöl (z. B. Sonnenblumenöl) zum Einpinseln
- 150 g Käse, gerieben (bewährt hat sich bei uns eine Mischung aus Mozzarella und Emmentaler)
- 1 Rezept *Margarita-Marinade* (Seite 191)
- 1 Rezept *Guacamole* (Seite 180)

Tipp:

Mehr Feuer kommt bei Bedarf mit der Salsa, die man dazu reicht

So geht's:

1. Die Marinade-Zutaten in einer Glasschüssel gut vermischen. Die Shrimps hineingeben und im Kühlschrank eine Stunde ziehen lassen.

2. Den Grill für direktes Grillen anheizen und auf mittlere Hitze reduzieren.

3. Shrimps in einen Grillkorb geben, abtropfen lassen und über dem Feuer platzieren. Korb oft schütteln, damit die Shrimps von allen Seiten gegrillt werden. Etwa 4 Minuten über mittlerer Hitze, bzw. bis die Shrimps gar, d. h. nicht mehr glasig sind. Dann Shrimps vom Grill nehmen. Alternativ Shrimps auf vorher gewässerte Holz- oder Bambusspieße stecken und beidseitig grillen.

4. Drei Tortillas jeweils auf einer Seite mit Öl pinseln und auf der anderen Seite gleichmäßig mit Guacamole bestreichen. Die Shrimps gleichmäßig darauf verteilen, dann großzügig mit Käse bestreuen.

5. Jeweils eine der drei verbliebenen Tortillas draufsetzen, fest aufdrücken und Oberseite mit Öl pinseln.

6. Die Quesadillas von beiden Seiten ca. 3–4 Minuten grillen, bzw. bis die Oberfläche der Tortillas sich leicht bräunt und der Käse schmilzt. Einmal vorsichtig wenden (ein großflächiger Wender ist hier recht hilfreich).

7. Quesadillas vom Grill nehmen und zum Servieren mit scharfem Messer in „Tortenstücke" vierteln. Dazu passt eine gute Salsa.

... und die gegrillten Shrimps und den geriebenen Käse darauf verteilen. Zweite Tortilla auflegen ...

... leicht andrücken und ab auf den Grill. Beim Wenden hilft ein großflächiger Wender.

Von beiden Seiten 3–4 Minuten grillen ... hmmmm, knusprig!

Fiery Fish Spread

Beliebter Snack oder „Appetizer“

Fish Spreads sind ein beliebter Snack oder „Appetizer“ in amerikanischen Restaurants, und zuhause werden sie gerne für Parties und Brunch-Büffets zubereitet. Ein Fish Spread kann als Brotaufstrich dienen, wird aber klassisch mit Crackern serviert (siehe Bild rechts). Chiliheads kommt es gelegen, dass man den Spread schön pikant anmachen kann. Als Fisch eignet sich am besten ein grätenfreies Fischfilet. Wenn man ohnehin Fisch grillt (zum Beispiel unsere Rezepte auf Seite 86, 94 oder 96), am besten gleich ein Filet mehr grillen und am nächsten Tag „Resteverwertung“ betreiben!

Zutaten (2–3 Portionen)

- 200 g Fischfilet (z. B. Seelachs oder Kabeljau)
- 2 Cornichons (knackige Minigürkchen in Essig, inkl. Essig)
- 4 EL gute Mayonaise
- 2 EL Senf, mittelscharf
- 1 EL Meerrettichzubereitung (oder 1 TL Meerrettich, Frisch gerieben)
- 3–4 EL Essigsud von den Cornichons
- *Cajun-Würzmischung* (Seite 200)
- Habanero, gemahlen
- Petersilie zur Dekoration
- Cracker als Beilage

So geht's:

1. Falls keine Resteverwertung: Fischfilet abspülen, mit Küchenkrepp trockentupfen und würzen (zum Beispiel mit Cajun-Mischung) und grillen.

2. Fisch abkühlen lassen und in einer kleinen Glasschüssel mit einer Gabel zerdrücken.

3. Mit Mayonaise, Senf und Meerrettich gut verrühren. Konsistenz durch Zugabe von Essigsud bestimmen, besonders, falls der Fisch etwas trocken sein sollte (der Spread soll schön saftig sein, aber noch zu einer Kugel formbar).

4. Mit Cajun-Würzmischung und etwas Habaneropulver abschmecken (bewährt haben sich 1 TL Cajun Mix und eine Messerspitze Habanero).

5. Schüssel bedecken und im Kühlschrank ca. eine Stunde ziehen lassen.

6. Mit Petersilie garnieren, frisch servieren.

Fisch, entweder frisch gegrillt und abgekühlt oder vom Vortag übriggeblieben …

… zerpflücken und dabei eventuelle Gräten entfernen. Dann Würzmischung, Mayo, Dijon- oder Honigsenf …

… und Meerrettich dazugeben, alles gut vermischen und gut durchziehen lassen.

Gefüllte Jalapeños #1

Chilis spielen die Hauptrolle in diesem Kapitel. Los gehts mit Jalapeños. Die stabilen fleischigen Früchte haben Pepp, lassen sich gut füllen und wie wir sehen werden, mit ein paar Hilfsmitteln auch gut grillen. Vier leckere Füllungen zur Auswahl!

Kommerziell sind gefüllte Jalapeños unter dem (geschützten) Namen „Poppers" im Handel. Wie eine Internet-Suche aber schnell zeigt, ist der Name auch für gegrillte Eigenkreationen im privaten Bereich eine gängige Bezeichnung für die heißen Häppchen. In Texas werden sie auch als *Armadillo Eggs* bezeichnet; dieser Name hat sich – auch in der deutschen Griller-Szene – eher für die mit Hackfleisch ummantelte Variante eingebürgert (siehe Seite 52). Wir nennen sie einfach „Gefüllte Jalapeños". Wir geben hier bewusst keine genauen Zutatenmengen an, da diese insbesondere von der Anzahl der verwendeten Jalapeño-Chilis, deren Größe, sowie der Anzahl der Füllungs-Varianten abhängt. Die angegebenen Mengen gelten für jeweils ca. sechs mittelgroße Jalapeño-Chilis.

Stielkappe abschneiden und das Innenleben der Chilis entfernen.

Füllung zubereiten, einfüllen, Kappe aufsetzen, je nach Variante oben mit Speck bedecken.

Die Erdnussbutter-Variante lässt sich am besten mit einer improvisierten Spritztüte füllen.

Zutaten *(24 gefüllte Jalapeños)*

24 frische Jalapeño-Chilis.
Für je 6 Chilis:

Füllung #1: Käse – „ Der Klassiker"

- 100 g geriebener Käse, z. B. Emmentaler
- 3 Scheiben (1/2 Scheibe pro Chili) durchwachsener Speck, dünn geschnitten (Bacon, „Frühstücksspeck")

Füllung #2 : „Mediterran"

- ½ Kugel Mozarella, fein gewürfelt
- 2 getrocknete Tomaten in Olivenöl (oder trocken und 1 Std. in warmem Wasser eingeweicht), abgetropft, fein geschnitten
- 5 Blätter Basilikum, fein gehackt

Füllung #3: „Würziger Eiermix"

- 1 Ei, verquirlt
- 1 Thai-Chili, fein gehackt
- 2 EL geriebener Käse (z. B. Emmentaler)
- Je 1 Prise Pfeffer, Salz und Kreuzkümmel
- 1 TL Korianderkraut (Cilantro), gehackt

Füllung #4: „Peanut Butter Jelly"

- 6 EL Erdnussbutter, glatt oder „chunky"
- 1 TL Aprikosen-Konfitüre o. ä.

So geht's:

1. Jalapeños waschen und mit einem scharfen Messer etwa 5 mm unter dem Kelch „köpfen". Mit einem scharfen Messer, einem Apfelentkerner oder einem speziellen Chili-Entkerner das „Innenleben" entfernen, ohne die Fruchtfleischwände zu durchstechen.

2. Jalapeños füllen:

Füllung #1:
Käse in die Chilis stopfen, Deckel wieder aufsetzen und ½ Speckscheibe doppelt gelegt durchbohren, über den Kappenstiel stecken und mit einem Zahnstocher durch den Speck und die Chili-Schote befestigen.

Füllung #2:
Die fein gehackten Zutaten gut miteinander vermischen, in die Chilis füllen, Kappe wieder aufsetzen und ggf. mit einem Zahnstocher schräg durch Kappe und Chili fixieren.

Füllung #3:
Die fein gehackten Zutaten gut mit dem Ei vermischen, in die Chilis füllen, ½ Scheibe Speck einmal falten, darüberlegen und mit einem Zahnstocher quer durch Speck und Chili fixieren.

Füllung #4:
Chili bis ca. 1 cm unter der Schnittkante mit Erdnussbutter füllen. Dies geht am einfachsten, wenn man die Masse in einen kleinen Plastikbeutel füllt, eine Ecke abschneidet und sie wie mit einem Spritzbeutel in die Schoten drückt. Den Rest der Chili-Schote mit Gelee oder Konfitüre auffüllen; ohne Stielkappen grillen).

Für hartgesottene Scharfesser kann man natürlich auch Habaneros füllen. Aber Vorsicht!

Kommerzielle Jalapeño-Halter sorgen für sicheren Stand. Selbstbauvariante auf den folgenden Seiten.

Zur aufrechten Präsentation (Auslaufgefahr!) Schüssel oder Tasse verwenden.

Gefüllte Jalapeños #1 (Fortsetzung)

3. Damit die weiche Füllung nicht ausläuft, benötigt man zum aufrechten Grillen der Schoten einen Ständer, der unter Bezeichnungen wie Chili Pepper Grill Rack, Jalapeñohalter, oder Chilihalter angeboten wird. Derlei bekommen Sie im gut sortieren Grillfachhandel oder in einschlägigen Online-Shops.

Alternativ lässt sich so ein Halter durchaus auch preiswert improvsieren – siehe nächste Seite!

4. Grill für indirektes Grillen vorbereiten, in die indirekte Zone am besten eine Tropfschale unter den Grillrost stellen.

5. Die Chilis in ihrem Halter in die indirekte Zone auf den Rost stellen und ca. 20–30 Minuten im geschlossenen Gerät grillen, bis der Speck knusprig und die Chilis weich sind.

6. Zum Servieren am besten in einer flachen geeigneten Schüssel oder in Tassen auftischen, damit sie aufrecht stehenbleiben.

Ausgehöhlte Chilis, fertig zum Füllen ...

... mit einer der vier leckeren Füllungen

Querschnitte der gegrillten Jalapeños mit Füllungen #1: Käse – „ Der Klassiker“, #2 : „Mediterran“, #3: „Würziger Eiermix“ und #4: „Peanut Butter Jelly“ (v. l. n. r.).

Tipps:

Natürlich können Sie auch rotgereifte Jalapeños verwenden, sie sind noch süßer im Aroma.

Jalapeños selbst sind – besonders ohne Samen und Zwischenwände – meist allenfalls mittelscharf. Wenn Sie daher die gefüllten Chilis noch etwas aufpeppen wollen, rühren Sie ein wenig Chili-Pulver oder scharfe Hot Sauce in die Füllung.

Die Jalapeños schmecken kalt am nächsten Tag auch ausgezeichnet. Als Snack passen sie zu Bier, Wein und Margaritas.

Füllen Sie für Hartgesottene auch ein paar Habanero-Schoten. Toller Geschmack, und der Käse mildert die Schärfe ein wenig ...

Stehhilfen für Jalapeños auf dem Grill

Die Auswahl an kommerziell erhältlichen Jalapeño-Grillständern zeigt, dass dieses Thema ziemliche Beachtung findet. Wir mussten allerdings feststellen, dass unsere im Garten gezogenen Jalapeños für die Kaufgeräte oft zu dick sind und nicht so richtig in die Löcher passen.

Tipp: Beim Chili-Kauf sollte man darauf achten – womöglich Pappschablone von der Ständeröffnung anfertigen und beim Einkaufen die Jalapeños entsprechend selektieren!

Selbstbau-Alternativen

Alternativ lässt sich so ein Halter auch aus einer auf den Kopf gestellten Alu-Tropfschale fertigen, in deren Boden man mit einem scharfen spitzen Modellbau-Messer entsprechend große Löcher schneidet. Zum Anzeichnen empfehlen sich je nach Chili-Durchmesser 1- oder 2-Euro-Stücke oder andere passende Münzen.

Der Eigenbau hat zudem den Vorteil, dass sich der Lochdurchmesser an die vorhandenen Jalapeños anpassen lässt. Unsere im Garten gezogenen sind für die Kaufgeräte meistens zu dick.

Bei den Jalapeños Maß nehmen, Löcher anzeichnen und mit scharfem Messer ausschneiden.

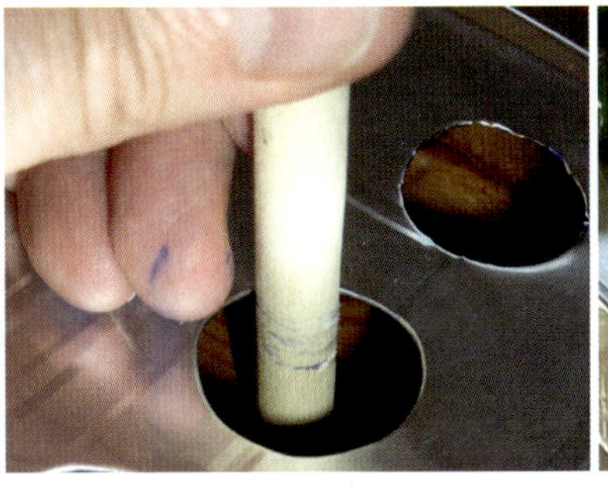

Scharfe Schnittkanten (Verletzungsgefahr für Finger und Chilis) mit Rundholz (Kochlöffel) glätten.

Anprobe ... Chilis füllen, einsetzen und grillen :-)

Gefüllte Jalapeños #2

Das Problem mit dem senkrechten Grillen der Jalapeños kann man aber auch umgehen, indem man die Chilis der Länge nach halbiert und liegend zubereitet, sozusagen als Boote. Mit Käse gefüllt und Speck umwickelt sind auch diese heißen Häppchen echt verführerisch und verschwinden in Windeseile ...

Jalapeños halbieren und aushöhlen. Ein Apfelausstecher hilft.

Die „Boote" flach auslegen ...

... und mit dem geriebenen Käse gut füllen.

Zutaten (24 halbe Jalapeños)

12 frische Jalapeño-Chilis

150 g geriebener Käse, z. B. Emmentaler

24 Scheiben durchwachsener Speck, dünn geschnitten (Bacon, „Frühstücksspeck".

So geht's:

1. Jalapeños waschen, der Länge nach halbieren und von Samen und Zwischenwänden befreien. Auch hier ist ein Apfelentkerner hilfreich.
2. Geriebenen Käse in die Chili-Hälften drücken.
3. Gefüllte Chili-Hälften je mit einem Speckstreifen dicht umwickeln.
4. Grill für indirektes Grillen vorbereiten, in die indirekte Zone am besten eine Tropfschale unter den Grillrost stellen.
5. Die umwickelten Chili-Hälften in die indirekte Zone auf den Rost legen und ca. 20–30 Minuten im geschlossenen Gerät grillen, bis der Speck knusprig und die Chilis weich sind.
6. Zum Servieren am besten in einer flachen geeigneten Schüssel oder auf einem Holzbrett auftischen.

Tipps:

Natürlich können Sie auch rotgereifte Jalapeños verwenden, sie sind noch süßer im Aroma.

Jalapeños selbst sind – besonders ohne Samen und Zwischenwände – meist allenfalls mittelscharf. Wenn Sie daher die gefüllten Chilis noch etwas aufpeppen wollen, rühren Sie ein wenig Chili-Pulver oder scharfe Hot Sauce in die Füllung. Natürlich können Sie statt geriebenem Käse auch die anderen zu „Gefüllte Jalapeños #1" vorgeschlagenen Füllungen verwenden.

Die Jalapeños schmecken kalt am nächsten Tag auch bestens. Als Snack passen sie zu Bier, Wein und Margaritas.

Füllen Sie für Hartgesottene auch ein paar halbierte Habanero-Schoten. Toller Geschmack, und der Käse mildert die Schärfe auf ein erträgliches Maß!

Anschließend stramm mit Speck umwickeln ...

... und indirekt im geschlossenen Grill knusprig grillen. Tropfschale nicht vergessen.

Jala-Boote auftischen und genießen. :-)

Spitzpaprika Mediterran

Grillhähnchen in pikanter Verpackung. Ein leckeres, dazu kalorienarmes Grillgericht besonders zur Chili-Erntezeit oder mit (Bio-) Spitzpaprika aus dem Supermarkt ganzjährig. Besonders lecker: Die Hähnchenkeulen werden vor dem Grillen mediterran mariniert.

Hähnchen marinieren, grillen, abgekühltes Fleisch würfeln und mit den anderen Füllungszutaten gut vermischen.

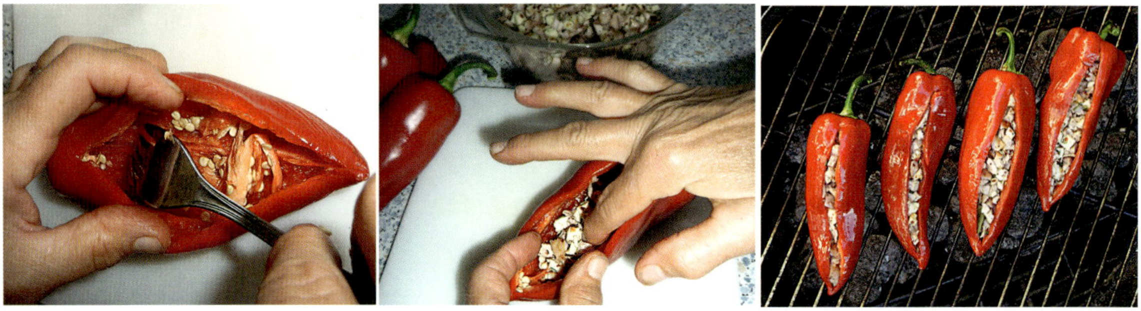

Innenleben der Schoten vorsichtig entfernen, Schoten füllen, bei direkter mittlerer Hitze 15–20 Minuten grillen.

Zutaten (2 Portionen)

- 4 schöne große und knackig-frische Bio-Spitzpaprika (italienische Peperone)
- 1 Zubereitung *Mediterrane Marinade* für die Hähnchenkeulen (Seite 195)

Für die Füllung:

- 2–3 Hähnchenkeulen, je nach Größe
- 1 Kugel Mozarella (100 g)
- 2 TL frische Rosmarinnadeln, fein gehackt
- 1–2 TL Chili-Flocken, pikant bis scharf
- Salz und Pfeffer

Füllung für die Spitzpaprika:

1. Mozarella aus der Packung nehmen, mit Haushaltskrepp gut abtrocknen und in 5 bis 8 mm große Würfel schneiden.

2. Hähnchenfleisch von den Knochen lösen und ebenfalls in kleine Würfel schneiden. In einer Schüssel das Hähnchenfleisch, den Mozarella und die Gewürze für die Füllung gut vermischen.

Tipps:

Je nach Paprikasorte und Chili-Zugabe zur Füllung lässt sich die Schärfe variieren.

Gefüllte Paprikaschoten auf einem Bett von mediterranen Spaghetti (zum Beispiel mit etwas Olivenöl, Oliven und Kapern) sofort servieren.

So geht's:

1. *Marinade Mediterran* zubereiten; etwas Marinade (80-100 ml) zum nachträglichen Bepinseln abnehmen und zum späteren Bepinseln beiseite stellen.

2. Von den Hähnchenkeulen die Haut abziehen, überflüssiges Fett entfernen, und sie in ein ausreichend großes nichtmetallisches Gefäß legen. Die Marinade (ohne die beiseite gestellte) darübergießen und darauf achten, dass alle Hähnchenteile gut von der Marinade bedeckt sind. Das Gefäß zudecken und die Keulen 1–8 Stunden im Kühlschrank marinieren lassen.

3. Etwa eine halbe Stunde vor Ende der Marinierzeit die Keulen aus dem Kühlschrank nehmen und Raumtemperatur annehmen lassen.

4. Den Gas- oder E-Grill auf 175 °C vorheizen bzw. Kohle/Brikett für indirektes Grillen. Grillrost leicht einölen. Abgetropfte Hähnchenkeulen auflegen und im geschlossenen Grill bei mittlerer Hitze von beiden Seiten ca. 10–15 Minuten grillen, bzw. bis eine Kerntemperatur von 72 °C) erreicht ist. Zwischendurch mit der unbenutzten, beiseite gestellten Marinade bepinseln (die gebrauchte Marinade weggießen).

5. Sind die Hähnchenkeulen durch, vom Grill nehmen und auf einem Teller ca. 10 Minuten ruhen lassen.

Füllen der Spitzpaprika:

1. Spitzpaprikas ca. 1 Minute in kochendem Wasser blanchieren, herausnehmen, mit kaltem Wasser abschrecken, abtrocknen.

2. Auf eine Arbeitsfläche legen, sodass sie gut liegen und nicht seitlich kippen. Dann auf der Oberseite von ca. 1 cm unter dem Stiel bis ca. 0,5 cm vor der Spitze aufschneiden.

3. Den Schnitt vorsichtig auseinanderspreizen und mit einem kleinen Messer und einer Gabel die Trennwände und Samen herausholen. Mit der Gabel oder einem Teelöffel soviel Füllung in die leeren Schoten drücken, dass sie gut gefüllt sind aber nicht überlaufen.

4. Gefüllte Paprika rundum leicht mit Öl bepinseln und auf den vorbereiteten Grill legen (mittlere oder indirekte Hitze, wie Hähnchenkeulen). Zugedeckt ca. 15–20 Minuten grillen, lieber zwischendurch mal nachsehen. Bei Bedarf inzwischen Spaghetti „al dente“ kochen.

5. Sind die Paprika gar, unten leicht gebräunt und die Füllung blubbert sichtbar, vorsichtig vom Grill nehmen.

Black Bean Bullets

Wer kennt nicht Mutterns mit Hackfleisch oder Reis gefüllte (Gemüse-)Paprika. Exotischer kommt die Spitzpaprika mit peppiger Käse-Bohnenfüllung daher. Auf Reis oder Pasta wird daraus ein vollwertiges vegetarisches Gericht, ansonsten ist so eine Paprika eine schöne Beilage oder Vorspeise. Muttis Paprika essen wir trotzdem immer wieder gerne, aber dieses Teil vom Grill, das hat was!

Zutaten für unsere Black Bean Bullets

Zutaten (3 Portionen)

- 3 Spitzpaprika (z. B. griechische Korno)
- 125 g gekochte schwarze Bohnen (siehe auch Seite 136)
- 30 g Emmentaler Käse, gerieben
- 2 frische Thai-, Birdeye-, Tabasco- oder Malagueta-Chilis, entstielt und fein gehackt
- 1 Knoblauchzehe, fein gehackt
- ½ TL Kreuzkümmel (Kumin), gemahlen
- 1–2 TL Korianderkraut (Cilantro), gehackt
- Pfeffer & Salz zum Abschmecken
- 1 TL Olivenöl

So geht's:

1. Die Spitzpaprika 2 Minuten in kochendem Salzwasser blanchieren, damit sie etwas weicher werden. Herausnehmen und sofort in eiskaltes Wasser legen, abkühlen lassen.
2. Paprika der Länge nach aufschneiden (nicht ganz bis oben und unten – jeweils ca. 1 cm stehen lassen). Vorsichtig aufbiegen und das „Innenleben" entfernen.
3. Die restlichen Zutaten gut vermengen, mit Pfeffer und Salz abschmecken und mit einem Teelöffel in die leeren Schoten füllen.
4. Grill für niedrige bis mittlere Hitze und direktes Grillen vorheizen. Die Schoten auf den geölten Rost legen. Öffnung nach oben ist klar, oder? ;-)
5. Je nach Schotengröße und Temperatur ca. 15–20 Minuten im geschlossenen Grill garen. Wenn der Käse geschmolzen ist und kräftig blubbert, sind die Paprika auf jeden Fall fertig.
6. Wenn auf Reis oder Pasta angerichtet, mit weiterem Korianderkraut garnieren.

Wenn der Käse geschmolzen ist und kräftig blubbert, sind die Paprika fertig.

Stuffed Cherry Peppers

Würzig gefüllte Kirsch-Chilis oder Cherry Peppers sind besonders in Italien ein beliebtes Antipasto. Auch auf dem Grill lassen sie sich schön zubereiten und schmecken heiß und kalt. Unsere Füllung ist natürlich auch italienisch inspiriert. Wahlweise kann man die Chilis vegetarisch zubereiten oder mit Parma- bzw. San Daniele Schinken umwickeln. Am einfachsten grillt man sie auf Spießen.

Ein Grund mehr, diese hübschen Paprika im Garten anzubauen!

Beim Kelchansatz mit einem Apfelausstecher das Innenleben der Paprika entfernen.

Füllung hacken, mischen und fest in die Chilis drücken. Chilis auf Spieße schieben ...

... und bei mittlerer Hitze im geschlossenen Grill ca. 10–12 Minuten grillen.

Zutaten (12 Häppchen)

12 Kirschpaprika

Füllung:

1 Kugel Mozzarella-Käse, abgetropft

3 sonnengetrocknete Tomaten in Olivenöl, (oder getrocknete Tomaten 1 Stunde in warmem Wasser eingeweicht), abgetropft

10 schwarze Oliven, entsteint

10 Kapern in Meersalz

2 TL Oregano, getrocknet

2 TL rote Chili-Flocken (falls die Cherry Peppers nicht scharf sind – es gibt milde und feurige)

So geht's:

1. Stiele der Kirschpaprika direkt über dem Kelch abschneiden. Beim Kelchansatz mit einem Apfelausstecher das Innenleben der Paprika entfernen. Vorsicht, nicht am anderen Ende die Außenwand durchbohren! Reste lassen sich mit einem Löffelstiel durch die Öffnung herausholen.

2. Die Zutaten für die Füllung klein hacken und in einer kleinen Schüssel gut vermischen.

3. Mit einem Teelöffel die Paprika gut füllen, festdrücken. Optional die Kirschpaprika mit einer doppelten Lage San Daniele- oder Parma-Schinken stramm umwickeln.

4. Die Chilis mit der Öffnung nach oben auf Spieße schieben und bei mittlerer Hitze im geschlossenen Grill ca. 10–12 Minuten grillen.

Tipps:

Bei Kirschpaprika dran denken, „some are hot and some are not“! Probieren Sie also vorher eine und stimmen Sie die Schärfe Ihrer Füllung darauf ab. Womöglich reicht schon die Schärfe der Frucht selbst.

Nehmen Sie möglichst einen abgeflachten Spieß oder zwei, dann drehen sich die Chilis nicht! Holz- oder Bambus-Spieße 1 Stunde vor Verwendung in Wasser legen.

Beachten Sie unser pfiffiges Grillgestell für Spieße – einfach aus einer passenden Alu-Tropfschale den Boden herausschneiden.

* Unsere Empfehlung *

Chilis sollte man nur an Tagen essen, die mit „g“ enden. Oder mittwochs.

Chipotle Mushroom Burger

Wer sagt, dass ein Burger immer aus Fleisch bestehen muss? Die Alternative muss keinesfalls Tofu heißen – viele Gemüse haben eine Konsistenz, um in der richtigen Zusammenstellung einen herzhaften Burger mit angenehmem „Beißgefühl“ zu liefern. Hier das Ergebnis unserer Experimente. Legen Sie mal einen fleischfreien Grilltag ein, oder bieten Sie auch Ihren vegetarischen Gästen einen feinen Grillgenuss! Den Pfiff bekommt unser Veggie-Burger durch rauchig-pikante Chipotle und Barbecue Sauce.

Pilze putzen und fein würfeln.

Pilzwürfel in etwas Öl
5–6 Minuten weich dünsten …

… und nach leichtem Abkühlen die übrigen Zutaten gut untermischen.

Zutaten (4 Burger)

- 125 g braune Champignons (Egerlinge), geputzt und gehackt (Hüte und Stiele)
- 1 mittlere Zwiebel, fein gehackt
- 1 Knoblauchzehe, fein gehackt
- 1 Karotte (125 g), geraspelt
- 1 Zucchini (125 g), geraspelt
- 20 g Walnusskerne, fein gehackt
- 125 g Semmelbrösel
- 1 EL Petersilie, gehackt
- 3 Chipotle in Adobo, gehackt, mit etwas Soße
- 2 EL *Smoky Barbecue Sauce* (Seite 177 oder fertig gekauft)
- 2 EL Sonnenblumenöl (1 EL zum Dünsten der Pilze, 1 EL zum Einölen der geformten Burger)
- Pfeffer & Salz zum Abschmecken

So geht's:

1. In einer Pfanne die Pilzwürfel in 1 EL Öl zugedeckt bei mittlerer Hitze weich, aber nicht matschig dünsten (5–6 Minuten).

2. Pfanne vom Feuer nehmen und alle weiteren Zutaten (außer dem Einpinsel-Öl) hinzugeben und alles gut vermischen.

3. Aus der Masse vier 2,5 cm dicke Buletten formen, auf ein geöltes Brett legen und mit Frischhaltefolie abgedeckt 1–2 Stunden im Kühlschrank ziehen und abbinden lassen.

4. Grill für mittlere direkte Hitze vorbereiten.

5. Burgerscheiben einölen und auf den gut geölten Grillrost legen.

6. Im geschlossenen Grill von jeder Seite 5 Minuten grillen, einmal wenden. Da die Veggie-Burger etwas weicher als Fleisch-Buletten sind, erweist sich ein geeigneter Wender als hilfreich.

7. Wahlweise „einfach so" mit Barbecue Sauce und Beilagen (zum Beispiel FeuerFladen von Seite 146) servieren oder klassisch im Burgerbrötchen mit Salat, Käse und Tomate.

Tipp: Übrig gebliebene Veggie-Burger schmecken auch am nächsten Tag kalt und bekommen dann auch noch eine festere Konsistenz.

Vier 2,5 cm dicke Patties formen, auf ein geöltes Brett legen und zugedeckt 1–2 Stunden im Kühlschrank ziehen lassen.

Burgerscheiben einölen und auf dem gut geölten Grillrost im geschlossenen Grill von jeder Seite 5 Minuten grillen, einmal wenden.

Und so kann der komplett zusammengebaute Veggie-Hamburger aussehen ... Guten Appetit!

Polenta-Zucchini vom Grill

WIE WÄR'S MIT EINER LECKEREN, WÜRZIGEN POLENTA ZUM LÖFFELN, WOBEI SIE ODER IHRE GÄSTE DIE „SCHÜSSEL" GLEICH MITESSEN KÖNNEN. DIE SCHÜSSELN SIND NÄMLICH AUSGEHÖHLTE ZUCCHINI. EIN TEIL DES ZUCCHINI-INNENLEBENS WIRD ZUSAMMEN MIT DER POLENTA GEKOCHT UND MACHT DIESE SCHÖN SAFTIG. DEN PFIFF BEKOMMT DAS GANZE DURCH RÄUCHERLACHS-STÜCKCHEN, DIE ZUVOR MIT CHILI AUFGEPEPPERT WURDEN. DIE POLENTA-ZUCCHINI EIGNEN SICH ALS VORSPEISE ODER BEILAGE, ODER AUCH ALS LEICHTER HAUPTGANG. WER ES STRENG VEGETARISCH MÖCHTE, LÄSST DEN LACHS EINFACH WEG. ABER SEIEN SIE GEWARNT – DANN VERSÄUMEN SIE WAS!

Zucchini halbieren und mit einem Löffel aushöhlen, dabei rundherum ca. 1 cm Rand stehen lassen.

Schalotte und Zucchini-Fleisch in Öl andünsten, Pfeffer, Knoblauch, Peperoncino und Polenta zugeben, 2 Min. anrösten. Mit Brühe angießen und ca. 5 Min köcheln.

Räucherlachs-Scheiben klein zerpflücken und mit dem gemahlenen Peperoncino bestäuben, gut vermischen.

Zutaten (4 Portionen*)

- 2 Zucchini à ca. 500 g
- 1–2 EL Parmesankäse, frisch gerieben, zum Bestreuen

Für die Füllung:

- 100 g Räucherlachs, dünn geschnitten
- 100 g Polenta (Maisgrieß)
- 500 ml Gemüsebrühe (wir nehmen gerne Bio-Instant-Pulver)
- 4 EL Olivenöl
- 1 Bund glatte Petersilie, gehackt
- 1 Schalotte, fein gehackt
- 80 g Parmesankäse (Parmigiano Reggiano), frisch gerieben
- 1 TL schwarzer Pfeffer
- ½ TL Knoblauchpulver (oder -granulat)
- 1 TL Peperoncino, gemahlen
- 2 TL Peperoncinoflocken

So geht's:

1. Zucchini waschen, abtrocknen und längs halbieren. Mit einem Löffel die Zucchini-Hälften aushöhlen, dabei rundherum ca. 1 cm Rand stehen lassen.
2. Die Hälfte des herausgeschälten Zucchini-Fleisches in kleine Würfel schneiden; die andere Hälfte wird nicht benötigt.
3. In einem mittelgroßen Topf das Öl erhitzen, die gehackte Schalotte und das gewürfelte Zucchini-Fleisch andünsten. Nach ein paar Minuten den schwarzen Pfeffer, Knoblauch und Peperoncino-Flocken, sowie die Polenta dazugeben und ca. 2 Minuten unter ständigem Rühren anrösten.
4. Mit der Brühe angießen und ca. 5 Minuten unter Rühren köcheln lassen.
5. Die Räucherlachs-Scheiben klein zerpflücken und mit dem gemahlenen Peperoncino bestäuben, gut vermischen.
6. Topf vom Feuer nehmen, die 80 g Parmesankäse und die Petersilie einrühren, dann den Lachs vorsichtig unterheben.
7. Polentamischung etwas abkühlen lassen.
8. Grill für indirektes Grillen bei mittlerer Hitze vorbereiten.
9. Die ausgehöhlten Zucchini-Hälften von jeder Seite über direktem Feuer ca. 3 Minuten vorgrillen. Dann mit der Polentamischung, mit etwas geriebenem Parmesankäse bestreuen und in der indirekten Zone ca. 10–15 Minuten im geschlossenen Grill fertiggaren.

* 4 Portionen als Beilage oder Vorspeise oder 2 Portionen als Hauptgericht.

Topf vom Feuer nehmen, die 80 g Parmesankäse und die Petersilie einrühren, dann den Lachs vorsichtig unterheben. Polentamischung etwas abkühlen lassen

Grill für indirektes Grillen bei mittlerer Hitze vorbereiten. Die ausgehöhlten Zucchini-Hälften von jeder Seite über direktem Feuer ca. 3 Minuten vorgrillen.

Zucchini-Hälften mit der Polentamischung, mit etwas geriebenem Parmesankäse bestreuen und indirekt ca. 10–15 Minuten im geschlossenen Grill fertiggaren.

Peppige Potato Skins

Dieser herzhafte Snack ist der Hit bei TV-Sportübertragungen, als Beilage auf Ihrer nächsten Grillparty oder als vegetarischer Leckerbissen beim Brunch-Büffet.

Vorgegarte Kartoffeln längs halbieren und mit einem Löffel so aushöhlen, dass Haut und eine 5 mm dicke Schicht stehen bleiben.

Herausgelöste Kartoffelmasse zerdrücken, mit Käse, Milch, Olivenöl, Chipotle, den Gewürzen und ggf. Chili-Flocken gut vermengen.

Masse in die ausgehöhlten Kartoffeln füllen und mit geriebenem Käse bestreuen; leicht andrücken.

Zutaten (8–10 Hälften)

- 500 g mittlere Kartoffeln (4–5 Stück)
- 2 Chipotle-Schoten, getrocknet, oder 2 Chipotle in Adobo Schoten
- 1 TL rote Chili-Flocken (optional, wenn es noch peppiger werden soll)
- 4 EL Emmentaler Käse, gerieben (Füllung)
- 3 EL Emmentaler Käse, gerieben (Belag)
- 5 TL Milch
- 1 EL Olivenöl
- Je ½ TL Salz, frisch gemahlener schwarzer Pfeffer und frisch geriebene Muskatnuss zum Abschmecken

So geht's:

1. Getrocknete Chipotle-Schoten: entstielen und ca. 30–60 Minuten in warmem Wasser einweichen, abtropfen lassen und fein zerkleinern. Chipotle in Adobo: Ebenfalls fein hacken.
2. Kartoffeln unter fließendem Wasser mit einer Bürste gut reinigen und im Ganzen mit Schale in der Mikrowelle garen (typischerweise 10–12 Minuten; dies richtet sich nach Ihrer Mikrowelle – siehe Anleitung). Alternativ ca. 30 Minuten in Salzwasser kochen.
3. Kartoffeln etwas abkühlen lassen, der Länge nach halbieren und mit einem Löffel so aushöhlen, dass die Haut und eine ca. 5 mm dicke Schicht stehen bleibt. Die dabei entstehenden „Schüsseln" beiseite legen; sie werden später gefüllt.
4. Herausgelöste Kartoffelmasse mit einer Gabel zerdrücken, dann mit Käse, Milch, Olivenöl, Chipotle, den Gewürzen und ggf. Chili-Flocken gut vermengen.
5. Kartoffelhälften mit der Kartoffelmasse gut füllen, auf jede Hälfte etwas geriebenen Käse streuen und leicht andrücken.
6. Kartoffelschalen von außen leicht ölen, auf eine Alu- oder Edelstahl-Grillpfanne legen.
7. Im geschlossenen Grill bei ca. 220 Grad backen, bis sich die Käseschicht goldgelb färbt (je nach Kartoffelgröße ca. 20–30 Minuten).

Kartoffelschalen von außen leicht ölen, auf eine Grillpfanne legen. Im geschlossenen Grill bei ca. 220 Grad backen, bis sich die Käseschicht goldgelb färbt.

Tipps:

Reichen Sie zu den Potato Skins einen kleinen Dip – einfach 4 EL Mayo mit 8 EL Magerjoghurt, 1 EL gehackter Petersilie und 2 TL *Cajun-Würzmischung* (Seite 200) verrühren und 30 Minuten durchziehen lassen.

Die Schärfe lässt sich durch Zugabe roter Chili-Flocken beliebig steigern ...

Dazu schmeckt ein kühles Bier.

la pizza #1 alla griglia

Wenn's wie bei Familie Chilihead schmecken soll ...

Selbstgemachte Pizza ist einfach klasse. Und wer im Sommer nicht am Herd stehen will, kann das sogar draußen auf dem Grill erledigen. Und die Pizza natürlich so richtig „aufpeppern". Wie dick die Kruste wird, bestimmen auch Sie. Beim Belag können Sie Ihrer Phantasie freien Lauf lassen, aber wir haben hier schon mal gleich zwei peppige Vorschläge, eine – danke Dave! – aus Albuquerque, New Mexico und eine italienische Variante.

Die Teigmenge reicht für eine riesige Pizza oder zwei mittlere. Die Mengenangaben für den Belag beziehen sich auf jeweils eine mittlere Pizza, sodass Sie beide Varianten ausprobieren können. Wollen Sie nur einen Belag, verdoppeln Sie einfach die Menge.

Zucker und Hefe mit Wasser verrühren und ca. 10 Minuten stehen lassen.

Mehl mit Salz in eine große Schüssel sieben ....

... Hefelösung und Gewürze zugeben, gut verrühren ....

Zutaten (2 mittl. Pizzen)

Chili-Pizzateig:

- 500 g Weizenmehl
- 1 Packung Trockenhefe (oder 20 g frische Hefe)
- 350 ml warmes Wasser (ca. 40 °C)
- ½ TL Zucker
- 3 EL Olivenöl
- 1 TLMeersalz
- 2 TL Chiliflocken
- ½ TL schwarzer Pfeffer, grob gemahlen

Belag #1: Southwestern

- 4 grüne Chilischoten, geröstet (siehe Seite 22) und enthäutet, in Streifen geschnitten
- 1 Kugel Mozzarella (abgetropft, 100–125 g), in Scheiben geschnitten
- 30 g Emmentaler, gerieben
- 2 EL Olivenöl

So geht's:

1. Für den Teig, das Wasser mit Zucker und Hefe in einer kleinen Schüssel verrühren und ca. 10 Minuten stehen lassen, bis die Oberfläche schaumig wird.

2. Mehl und Salz in eine große Schüssel sieben, Chiliflocken und Pfeffer dazugeben. In die Mitte eine Vertiefung drücken und die Hefe-Mischung und das Öl hineingießen. Mit einem runden Messer kurz vermischen, dann mit warmen Händen auf einer leicht bemehlten Unterlage einen leichten, geschmeidigen, leicht glänzenden Teig kneten. Sollte er kleben, die Hände bemehlen, nicht den Teig.

3. Den Teig in eine leicht geölte Schüssel geben, mit Frischhaltefolie abdecken und an einem warmen, zugluftfreien Ort (z. B. Heizkörper, im warmen Wintergarten etc.) ca. 1 ½ Stunden gehen lassen. Das Volumen sollte sich verdoppeln.

4. Die Luft aus dem Teig drücken, aus der Schüssel nehmen, in zwei Hälften teilen und aus den Hälften Kugeln formen. Diese auf einem Stück Backpapier locker mit Folie abgedeckt nochmals ca. eine Stunde gehen lassen.

5. Die Teigkugeln auf leicht bemehlter Arbeitsfläche rund, oval oder „freestyle" ausrollen und dünn mit Öl bepinseln.

6. Grill mit starker direkter Hitze aufheizen. Sofern Sie einen Holzkohlegrill benutzen, die Kohle auf eine Hälfte beschränken, um eine heiße und eine „warme" Zone zu schaffen. Wenn Sie einen Pizzastein benutzen (was wirklich empfehlenswert ist), diesen 20–30 Minuten vor dem Backen erhitzen.

(Fortsetzung nächste Seite)

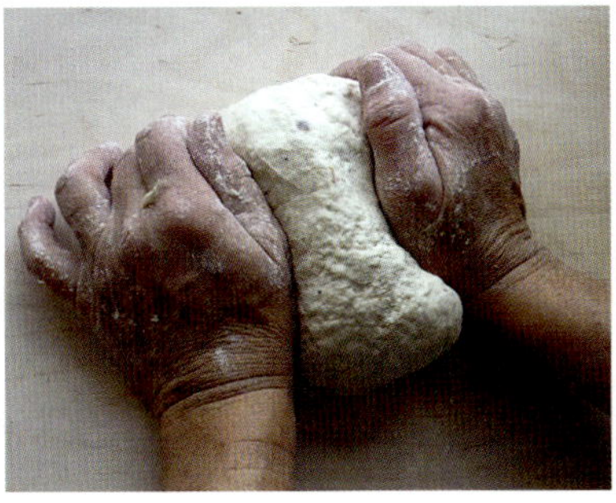

.... und auf bemehlter Arbeitsfläche zu einem glatten Teig kneten.

Teigkugel in geölter Schüssel zugedeckt an einem warmen Ort auf doppeltes Volumen gehen lassen.

Teig auf bemehlter Arbeitsfläche zu zwei Pizzen ausrollen oder ziehen.

la pizza #2 alla griglia

Ist sie zu scharf, bist Du zu ...

So geht's: (Fortsetzung)

7. Pizza mit der geölten Seite nach unten auf den Grillrost oder Pizzastein legen. Nach ein bis zwei Minuten beginnt der Teig, Blasen zu bilden. Sobald die Unterseite gebräunt ist und Grillstreifen (bei Grillrost-Verwendung) zeigt, vorsichtig umdrehen, die Hitze reduzieren (beim Gasgrill auf mittel bis niedrig stellen, bei Holzkohle Pizza in die „warme" Zone legen) und die gegrillte Seite leicht ölen.

8. Belag #1, Southwestern:
Pizza mit Mozzarella belegen, Chilistreifen darauf verteilen und mit dem geriebenen Käse bestreuen, mit Öl beträufeln.

9. Belag #2, Italienisch:
Gehackte Tomaten, Kapern, Oliven auf der Pizza verteilen, Chiliflocken und Basilikum und Käse darüberstreuen, mit Öl beträufeln.

10. Bei geschlossenem Grill ca. 5 Minuten backen, bis der Belag heiß, die Kruste schön braun und der Käse geschmolzen ist. Gegebenenfalls Pizza zwischendurch drehen, damit sie schön gleichmäßig knusprig wird.

Falls vorhanden, Pizzastein erhitzen. Teigfladen mit der geölten Seite nach unten ...

... auf den Grillrost oder Pizzastein legen, wenn er Blasen wirft, Oberseite ölen und wenden.

Mit gewünschtem Belag (im Bild: Belag #2) belegen und mit Käse bestreuen.

Zutaten *(1 Pizza)*

1/2 Chili-Pizzateig von der Vorseite

Belag #2: Italienisch

250 g gehackte frische Roma-Tomaten (4 mittlere)

1 EL gehackte Kapern in Meersalz

1 EL gehackte Oliven

1 EL frisches Basilikum, gehackt

1 TL Chiliflocken

50 g Parmesankäse, frisch gerieben oder halb und halb Parmesan/ Emmentaler gerieben

2 EL Olivenöl

1 frischer Habanero (optional)

Renate präsentiert ihre fertige „Southwestern Pizza".

Tipps:

Zur Grill-Pizza schmeckt natürlich ein italienischer Rotwein, ein kühles Bier oder Eistee.

Und wenn die Pizza nicht scharf genug ist, Peperoncino-Flocken zum „Nachpeppern" bereitstellen.

Bei geschlossenem Grill etwa 5 Minuten backen, bis der Belag heiß, die Kruste knusprig und der Käse geschmolzen ist.

Wer keinen Pizzastein hat, kann die Pizza natürlich auch „freestyle" direkt auf dem Rost grillen. Auch rund muss sie nicht sein ;-)

Pikante Pilzköpfe

Auch beim Grillen muss es nicht immer Fleisch sein ...

... ohne dass man – schluck! – zu Tofu oder Seitan greifen muss. Eine tolle Alternative sind die inzwischen auch bei uns beliebten Portobello-Pilze, die sich besonders gegrillt durch fleischartige Konsistenz, angenehmen Biss und feines Aroma auszeichnen. Praktisch ist das nichts anderes als ein etwas groß geratener brauner Champignon (Egerling). Sein Hut kann bis zu 15 cm Durchmesser erreichen, und besonders die größeren Exemplare eignen sich gut zum Füllen. Portobellos sind das ganze Jahr über erhältlich. Als Füllung haben wir uns etwas Herzhaftes mit Biss im doppelten Sinne überlegt. Mediterrane Zutaten, inklusive natürlich Peperoncino.

Tipps:

Falls keine Portobello-Pilze zu bekommen sind: Große weiße Champignons eignen sich ebenfalls.

Im Gemüsefach des Kühlschranks sind Portobello-Pilze und Champignons fünf Tage lang haltbar (bitte in einer Papiertüte, nicht Plastik).

Etwas Füllung übrigbehalten? Die macht sich gut in Tomatensoße über Spaghetti. Einfach leicht in einer Pfanne andünsten und mit Tomatensoße oder Sugo ablöschen. Wer es schärfer mag, nimmt frische oder eingelegte Habaneros, oder Habanero-Flocken.

Füllungs-Zutaten mit den gehackten Pilzstielen gut vermengen.

Zutaten (3–5 Portionen)

6–10 Portobello-Pilze oder große Champignons mit Stielen

3 EL Parmesankäse, frisch gerieben, zum Bestreuen

5 EL Olivenöl zum Bepinseln der Champignons

Für die Füllung:

3 sonnengetrocknete Tomaten, eingeweicht und gehackt

2 Knoblauchzehen, fein gehackt

1 Schalotte, fein gehackt

2 mittelgroße Tomaten, klein gewürfelt

1 EL schwarze Oliven, kernlos, gehackt

1 EL Pinienkerne, grob gehackt

3 EL Semmelbrösel

3 EL Parmesankäse, frisch gerieben

Je 1 EL frischer Thymian, Oregano (oder Majoran) und Rosmarin, gehackt

2 frische rote Peperoncini, gehackt; ersatzweise 3 TL Peperoncino-Flocken

1 TL Fenchelsamen, leicht zerstoßen

3 EL Olivenöl

Je 1 TL schwarzer Pfeffer und Salz

bis

So geht's:

1. Die Pilzhüte mit einer weichen Bürste oder Küchenkrepp trocken säubern. Erdige Stielenden abschneiden, dann die Stiele vorsichtig herausbrechen und fein hacken.

2. Alle Zutaten für die Füllung mit den gehackten Pilz-Stielen gut vermengen und beiseite stellen. Die Aromen sollten ca. 30 Minuten Zeit haben, sich gut zu entfalten.

3. Den Grill für indirekte mittlere Hitze vorbereiten.

4. Die Pilzkappen außen und innen mit Olivenöl einpinseln und ca. 5 Minuten direkt über der Glut vorgrillen.

5. Pilze vom Rost nehmen, die Lamellen an der Kappeninnenseite mit einem Teelöffel entfernen und die Hüte mit einer Gabel füllen; die Füllung dabei etwas aufhäufen und gut festdrücken. Jede gefüllte Kappe mit Parmesankäse bestreuen.

6. Die gefüllten Pilze nun auf den Rost in die indirekte Zone legen und 15–20 Minuten im geschlossenen Grill garen. Am besten einen Pilz zur Probe aus dem Grill nehmen und aufschneiden. Die Pilze sollen gar aber noch bissfest sein, ebenso die Füllung.

Tipp:

Dazu passt zum Beispiel knuspriges Knoblauch-Baguette: Brot alle 2 cm ein- aber nicht ganz durchschneiden und die Schnittstellen mit Knoblauchbutter bestreichen. Baguette in Alufolie einwickeln und 10 Minuten bei mittlerer Hitze grillen.

Pilzkappen außen und innen mit Olivenöl einpinseln ...

... und ca. 5 Minuten direkt über der Glut vorgrillen.

Hüte füllen, mit Käse bestreuen und 15–20 Minuten indirekt garen.

Paprikartoffel „Szegedin“

Wir lieben Chilis, Kartoffeln, Sauerkraut und Barbecue.

WIR LIEBEN CHILIS, KARTOFFELN, SAUERKRAUT UND BARBECUE. WAS LIEGT DA NÄHER, ALS ALLES ZU VEREINEN. DAS ERGEBNIS IST EINE UNGARISCH INSPIRIERTE GRILLKARTOFFEL MIT EINER PEPPIGEN CHILI-PAPRIKA-SAUERKRAUT FÜLLUNG. DAS GANZE KANN ALS BEILAGE DIENEN, ABER DURCHAUS AUS ALS VEGETARISCHER HAUPTGANG. ZUR KÜHLUNG DER FEURIGEN FÜLLUNG GIBT ES EINE ERFRISCHENDE JOGHURT-SOSSE.

Der Länge nach das obere Viertel abschneiden und die Kartoffeln mit einem Teelöffel so aushöhlen.

Füllung in der Pfanne zubereiten und in die ausgehöhlten Kartoffeln füllen, gut festdrücken.

Mit Fetakäse bestreuen und direkt im geschlossenen Grill backen, bis der Käse leicht gebräunt ist.

Zutaten (2-4 Portionen*)

4 große festkochende längliche Kartoffeln, z. B. *Annabell* oder *Hansa*

Für die Füllung:

120 g Sauerkraut

1 kleine Zwiebel, gehackt

1 frische rote Chilischote (z. B. Holland Cayenne), entstielt und in Ringe geschnitten

2 EL Olivenöl

1 TL Paprikapulver edelsüß

½ TL Salz

½ TL schwarzer Pfeffer, grob gemahlen

1 TL Kümmel

50 g Feta-Käse oder deutschen Kuhmilch-Ersatz, zerbröselt oder in feine Würfel geschnitten

1 EL Schnittlauch, gehackt

Für die Soße:

50 ml Joghurt

50 ml Schmand

1 Knoblauchzehe, fein gehackt

1 EL Schnittlauch, gehackt

1 Prise Salz

* Hauptgang bzw. Beilage

So geht's:

1. Kartoffeln mit Hilfe einer Bürste gründlich waschen und mit Schale in leicht gesalzenem Wasser gar kochen (ca. 25 Minuten).

2. Abgießen, mit kaltem Wasser abschrecken, abtropfen und etwas abkühlen lassen.

3. Der Länge nach das obere Viertel abschneiden und die Kartoffeln mit einem Teelöffel so aushöhlen, dass ringsum eine ca. 6 mm starke Schicht stehen bleibt. Kartoffeln von außen leicht einölen.

4. Entfernte Kartoffelmasse grob zerkleinern und beiseite stellen; ein Teil davon wird verwendet.

5. Füllung:
In einer Pfanne das Öl erhitzen und die gehackte Zwiebel darin glasig dünsten. Etwa 120 g der Kartoffelmasse, das Sauerkraut, Chiliringe und die Gewürze zu den gedünsteten Zwiebeln geben und gut vermischen. Etwa 5 Minuten weiterdünsten.

6. Die gedünstete Mischung in die ausgehölten Kartoffeln füllen und mit Feta-Käse bestreuen (leicht andrücken).

7. Grill für direktes Grillen bei mittlerer Hitze vorheizen.

8. Die gefüllten Kartoffeln auf den geölten Grillrost setzen und bei geschlossenem Grill ca. 25–30 Minuten garen, bis der Käse leicht gebräunt ist. Achten Sie darauf, dass die Kartoffeln von unten nicht verbrennen, gegebenenfalls etwas Alufolie unterlegen.

9. Soße:
In einer kleinen Schüssel alle Soßenzutaten gut verrühren, eine halbe Stunde durchziehen lassen.

10. Kartoffeln mit Schnittlauch bestreuen und heiß servieren. Dazu die Soße reichen.

Zubereitungszeit: 45 Minuten Garzeit: ca. 30 Minuten

Tipp:

Wer einen leichter schmelzenden Käse bevorzugt, sollte statt Feta geriebenen Emmentaler verwenden.

Mediterranes Gemüse
auf der Zedern-Planke

Dieses leckere fleischlose Rezept wird auf der Zedern-Planke im Grill zubereitet. Inspiriert wurde es vom lesenswerten Buch „Planking Secrets“ des Kanadiers Ron Shewchuk – die Häppchen eignen sich sehr gut als Beilage oder fürs Tapas- oder Antipasto-Büffet.

Gemüsescheiben in einen verschließbaren TK-Beutel geben, mit der Marinade übergießen und gut verteilen. 1/2 bis max. 1 Stunde ziehen lassen.

Scheiben abtropfen lassen, von einer Seite auf der Planke angrillen. Dann wenden und mit zerkrümeltem Fetakäse belegen.

Nochmals 10 Minuten direkt und geschlossen grillen, bis der Käse schön gebräunt ist.

Zutaten (3–4 Portionen)

1 mittelgroße Zucchini, in ca. 1,5 cm dicke Scheiben geschnitten

1 mittelgroße Aubergine, in ca. 2 cm dicke Scheiben geschnitten (weil schneller gar als Zucchini)

150 g Feta-Käse (wer keinen Schafs- oder Ziegenkäse mag, findet im selben Regal meist auch Kuhmilchkäse vergleichbarer Konsistenz, zum Beispiel Patros)

Für die Marinade:

100 ml Olivenöl

1–2 EL Balsamico-Essig

1 Knoblauchzehe, fein gehackt

1 EL fein gehackte mediterrane Kräuter (Rosmarin, Thymian etc.)

1 TL Chili-Flocken

So geht's:

1. Grillplanke eine Stunde in Wasser legen.
2. Olivenöl, Balsamico, Kräuter, Chiliflocken und Knoblauch vermischen.
3. Die Auberginen- und Zucchini-Scheiben in einen verschließbaren TK-Beutel geben, mit der Marinade übergießen und vorsichtig verteilen. 1/2 bis max. 1 Stunde ziehen lassen.
4. Den Grill auf mittlere Temperatur vorheizen (ca. 220 °C). Eingeweichte Grillplanke abwischen, vorheizen bis sie leicht knistert, dann die glatte Oberfläche dünn einölen.
5. Hitze reduzieren und die Auberginen- und Zucchini-Scheiben auf die Planke legen. Grill wieder schließen und die Scheiben ca. 10 Minuten garen lassen.
6. Feta mit den Fingern zerkrümeln oder mit einer Gabel grob zerdrücken.
7. Scheiben wenden, mit dem Feta-Käse belegen und nochmals ca. 10 Minuten grillen, bis der Käse zum Teil eine schöne braune Farbe angenommen hat.
8. Mit ein paar Tropfen Balsamico und etwas Olivenöl oder Chili-Öl beträufeln, mit Kräutern garnieren, heiß servieren – schmeckt kalt als Snack allerdings auch sehr gut!

Tipps:

Tipps zum Grillen mit der Zedern-Planke finden Sie auf Seite 92.

Experimentieren Sie auch mit anderem Gemüse auf der Planke ... und natürlich auch mit Chili, Paprika & Co.!

SMOKY COWBOY BEANS AUS DEM DUTCH OVEN

Zünftige Barbecue-Beilage draußen gekocht

Während das Fleisch auf dem Grill brutzelt oder im Smoker gart, ist ein **Dutch Oven** eine feine Sache, auch Beilagen draußen zuzubereiten; der Bohnentopf kann aber auch die Hauptrolle spielen. Besonders zu Ribs (Seite 42ff) passen die rauchigen Cowboy-Beans aus dem gusseisernen Topf. Dazu nehmen wir natürlich keine Bohnen aus der Dose, sondern weichen die Nacht zuvor trockene Bohnen ein. Wie im US-Südwesten nehmen wir dafür gerne Pinto Beans, die bei uns Wachtelbohnen heißen und überall zu haben sind. Die Smoky-Note liefern Chipotle, über Mesquite-Holz geräucherte Jalapeño-Chilis aus Mexiko. Die Zutaten haben wir für unseren kleinen Dreiliter-Topf bemessen – eine gute Einsteiger-Größe, wenn man in die interessante Welt der vielseitigen Dutch Oven preiswert hineinschnuppern möchte oder öfter für einen kleineren Kreis kocht.

Aus Speck, Zwiebel, Knoblauch und Chilis das „Sofrito" dünsten.

Zucker und Ahornsirup hinzufügen, verrühren, mit Bier ablöschen.

Brühe angießen und Bohnen darin weichkochen (ca. 2 Stunden).

Zutaten (4–6 Portionen)

- 600 g Wachtelbohnen, getrocknet
- 100 g durchwachsener Räucherspeck
- 6 Streifen Frühstücksspeck (Bacon)
- 3 EL Sonnenblumenöl
- 3 frische Jalapeños (ersatzweise lieber andere frische Chilis als eingelegt), gehackt
- 1 große Zwiebel, grob gewürfelt
- 2 Knoblauchzehen, gehackt
- 2 Lorbeerblätter
- 1 kleine Dose (200 g) Chipotle in Adobo Sauce
- 5 EL brauner Zucker
- 5 EL Ahornsirup
- 1 l Gemüse- oder Fleischbrühe
- 250 g Tomatenketchup
- 1 Flasche würziges Bier (z. B. heller Bergbock)

So geht's:

1. In einer geeigneten Feuerstelle (Feuerschale oder Kugelgrill) genug Grillbriketts für ein einlagiges Glutbett unter dem Dutch Oven anheizen (wir benötigen um die 15 Briketts).

2. Sobald die Kohlen mit weißer Schicht überzogen sind, den Dutch Oven direkt darüber platzieren (auf den Deckel kommen zunächst keine Briketts). Als Erstes machen wir als Basis ein „Sofrito“:

3. In etwas Sonnenblumenöl die Räucherspeckwürfel auslassen und zusammen mit der Zwiebel, dem Knoblauch und den frischen Chilis (mit „Innenleben“) glasig dünsten. Das geht im Dutch Oven recht schnell, also nicht weggehen!

4. Braunen Zucker und Ahornsirup hinzufügen, mit einem Holzlöffel verrühren und mit Bier ablöschen. Sobald die Mischung etwas eingekocht ist, noch ein wenig Bier drauf.

5. Ins reduzierte Sofrito die eingeweichten und abgegossenen Bohnen geben, ebenso die Brühe und die Lorbeerblätter. Gut umrühren und bei geschlossenem Deckel ca. 2 Stunden garen, bzw. bis die Bohnen weich sind; gegebenenfalls ein paar Briketts nachlegen und/oder Flüssigkeit (Brühe oder Wasser) ergänzen. Gelegentlich umrühren.

6. 3 bis 4 Chipotle-Chilis mit ein wenig von der Adobo-Soße hacken. 5–6 Briketts für die „Oberhitze“ anfeuern.

7. Sind die Bohnen weich, den Tomatenketchup und die gehackten Chipotle-Chilis hinzufügen, alles gut durchrühren. Die Baconstreifen auf die Bohnen legen.

8. Deckel auflegen und die glühenden Briketts darauf verteilen, um die Bohnen für 20–30 Minuten zu „backen“. Weiterhin auf genügend Flüssigkeit im Topf achten und darauf, dass die Bohnen nicht anbrennen. Unterhitze ist jetzt nicht mehr erforderlich, erhöht nur die Gefahr des Anbrennens.

9. Deckel abnehmen und Bohnen im Topf (auf hitzebeständigem Untersatz) servieren.

Chipotles hacken und mit etwas Soße sowie dem Ketchup …

… zu den weichgekochten Bohnen geben, Bacon auflegen.

Deckel zu, ein paar Briketts drauf und Bohnen fertigbacken.

Mashed Sweet Potatoes

„Habaniertes"* Süßkartoffelpüree

Süßkartoffeln haben wir in den USA kennengelernt, als wir für ein paar Jahre in Florida lebten und arbeiteten; besonders in den Südstaaten sind die leckeren Knollen, die übrigens nicht mit unseren Kartoffeln verwandt sind, sondern zu den Windengewächsen gehören, sehr beliebt. Ihre Farbe und der in der Tat leicht süßliche Geschmack laden dazu ein, sie mit Orange und Habanero zu kombinieren. Unser „habaniertes" Süßkartoffelpüree ist eine zünftige Beilage zu gegrilltem Schweinefleisch, Geflügel und allem, was Sie aus dem Barbecue Smoker zaubern. Auch gleich schon mal fürs nächste Weihnachtsmenü vormerken!

Unsere Zutaten – Süßkartoffeln harmonieren perfekt mit Orange, Ingwer, Zimt und Habanero.

Kartoffeln mit Schale sehr weich kochen, dann unter fließendem Wasser schälen ...

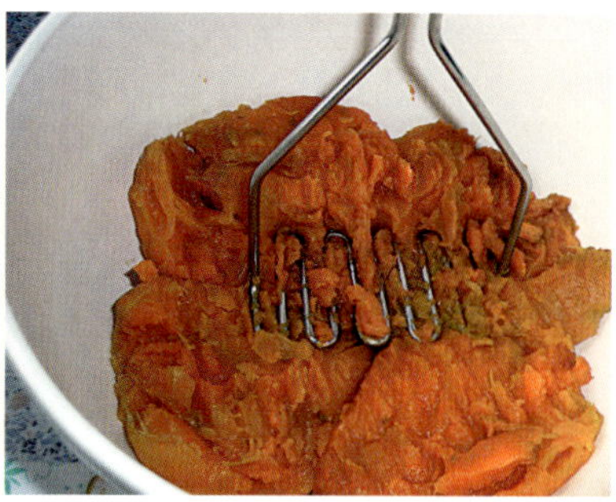

... und mit den zerkleinerten Zutaten, dem Saft und den Gewürzen zu einem Püree stampfen.

Zutaten (4 Portionen)

- 4 Süßkartoffeln (ca. 750 g)
- 1 Habanero Chili, frisch oder eingelegt, entstielt, entkernt und fein gehackt
- 1 TL Ingwerwurzel, geschält und fein gehackt
- ½ TL Zimt, gemahlen
- 100 ml Orangensaft, frisch gepresst (unbehandelte Orange, wir brauchen die Schale)
- 1 TL Orangenschalen-Abrieb (nur orange Schicht; die weiße Schicht darunter ist bitter)
- 1 EL Butter
- Salz zum Abschmecken

bis

So geht's:

1. Süßkartoffeln waschen und mit Schale kochen, bis sie sehr weich sind (ca. 40–50 Minuten).
2. Abgießen, unter laufendem kaltem Wasser pellen, in große Stücke schneiden und in eine Schüssel geben.
3. Die übrigen Zutaten (bis auf Salz) hinzugeben und mit einem Kartoffelstampfer oder Handmixer pürieren.
4. Das Püree in einen kleinen Topf geben, die Butter einrühren, erhitzen und bei Bedarf mit ein wenig Salz abschmecken. Vor dem Servieren behutsam aufwärmen.

* *Habanieren:* Mit Habanero aufgepeppern

Tipp:

Süßkartoffeln werden hierzulande oft aus USA, Brasilien oder Israel angeboten; wir haben sie aber auch schon in verschiedenen Städten auf Bauernmärkten aus europäischem Bio-Anbau entdeckt, zum Beispiel aus Italien.

Habanero Black Beans

Im Süden Mexikos und in der Karibik sind als Beilage peppig gewürzte Black Beans sehr beliebt; in Yucatan natürlich gerne mit Habanero. Bei uns bekommt man die kleinen schwarzen Bohnen getrocknet häufig im Bio-Regal gut sortierter Märkte. Sie werden eingeweicht und gekocht wie andere Bohnensorten. Schönen Dank an Dave DeWitt für dieses Rezept. Die Black Beans passen sehr gut als Beilage sowohl zu gegrillten Shrimps als auch zum Beispiel zum *Puerto Rico Pork Sandwich* (Seite 36).

Bohnen über Nacht in reichlich Wasser einweichen.

Am nächsten Tag abgießen, durchspülen und mit frischem Wasser bedeckt und den weiteren Zutaten 1 Stunde köcheln lassen.

Dave stampft die Bohnen nach dem Kochen noch mit ein wenig vom Kochwasser; uns gefallen sie besser „am Stück".

Zutaten (4 Portionen)

- 500 g schwarze Bohnen, getrocknet
- 2 Habanero-Chilis frisch oder eingelegt, gehackt
- 1 mittlere Zwiebel, gehackt
- 4 Knoblauchzehen, gehackt
- 1 Lorbeerblatt
- 1 EL Epazote* getrocknet (ersatzweise Oregano oder Bohnenkraut)
- ½ TL Kreuzkümmel, gemahlen (Cumin)
- Pfeffer und Salz zum Abschmecken
- Frisches Korianderkraut zur Garnitur

So geht's:

1. Die Bohnen in einem großen Topf mit reichlich Wasser bedecken und über Nacht einweichen.

2. Am nächsten Tag Bohnen abgießen, durchspülen und mit frischem Wasser bedeckt zum Kochen bringen. Das Lorbeerblatt beigeben, die Temperatur absenken und 1 Stunde zugedeckt köcheln lassen.

3. Dann die Zwiebel, Knoblauch, Kräuter und Chilis dazugeben und eine weitere Stunde bei niedriger Temperatur köcheln lassen, bis die Bohnen weich sind.

4. Das Kochwasser abgießen und auffangen, die Bohnen mit Salz und Pfeffer abschmecken, mit Korianderkraut garnieren, warm servieren.

* Mexikanische Gewürz- und Heilpflanze, die auch bei uns gedeiht. Die Blätter mit kräftigem Aroma werden in ihrer Heimat zum würzen von Bohnen und Quesadillas verwendet; bei Bohnengerichten sollen sie Blähungen vermeiden. Getrocknet ist Epazote über den einschlägigen Versandhandel erhältlich.

Mit etwas Geschick lassen sich schwarze Bohnen von gekaufter Trockenware im Garten ziehen.

Unsere weiteren Zutaten für die Black Beans.

Habanero-Karotten

Gegrillte Karotten? Na klar! So werden sie schön zart, das Aroma kocht nicht heraus, und mit Habanero werden sie schön pikant. Die Kombination Karotten-Habanero ist ja nicht neu: In der Karibik werden viele kommerziell hergestellte Hot Sauces traditionell mit Möhren angedickt, zum Beispiel *Marie Sharp's* oder *Melinda's* Habanero-Soßen. Frischer Rosmarin gibt dieser leckeren Beilage einen mediterranen Hauch. Grillen Sie gleich noch ein paar andere „Veggies" mit, zum Beispiel Maiskolben.

Tipp:

Auf Wochenmärkten bekommt man an Erzeugerständen immer häufiger die außen violette „Urkarotte" – sie ist noch herzhafter als die orangenen Zuchtformen. Zum Grillen auch hier zarte junge Exemplare auswählen.

Zutaten (2–3 Portionen)

- 1 Bund frische junge Möhren (maximal etwa fingerdick)
- 1–2 EL Oliven- oder Sonnenblumenöl
- 1 Zweig frischer Rosmarin
- Habanero gemahlen

So geht's:

1. Möhren gut waschen, aber nicht schälen. Kraut, oberes Ende und Spitze entfernen.
2. Rosmarin-Nadeln vom Zweig zupfen und fein hacken.
3. Möhren dünn mit Öl einpinseln und von allen Seiten leicht Habanero (sparsam!) und Rosmarin bestreuen.
4. Bei mittlerer Glut und direkter Hitze etwa 15-20 Minuten grillen, bzw. bis die Möhren gar sind (gabeltest) und schöne Grillmarkierungen bekommen haben. Zwischendurch einmal wenden. Es empfiehlt sich die Verwendung einer Grillschale.
5. Warm als Beilage servieren, dazu passt zerlassene Butter mit frischer gehackter Petersilie. Auf Reis können die Capsicum-Karotten auch mal als vegetarische Hauptmahlzeit dienen.

Jalapeño Polenta

Was in der gehobenen Gastronomie seit ein paar Jahren als „Crossover-Küche" gepriesen wird, haben Chili-Fans schon längst für sich entdeckt: Die Vermischung von Rezepten verschiedener Länder oder Kulturkreise. Bei dieser Grill-Polenta trifft Italien auf Mexiko. Die Chilis bringen mexikanischen Pfiff in die italienische „Sättigungsbeilage" aus Maisgrieß. Dazu passt unsere *Jalapeño-Tomaten-Sauce* (Seite 168) und beispielsweise bunte Gemüsespieße mit Champignons, Tomaten und Jalapeños. So kann man auch einmal ein komplett vegetarisches Grillgericht zaubern!

Milch und Wasser zum Kochen bringen. Maisgrieß unter laufendem Rühren einstreuen.

Temperatur verringern und weiter rühren, bis sich die Masse verfestigt und vom Topf löst.

Weitere Zutaten einrühren, dann das Ganze in ein flaches Gefäß geben ...

Zutaten (4–6 Portionen)

- 350 ml Milch
- 350 ml Wasser
- 135 g Polenta (Maisgrieß)
- 2 frische Jalapeños, entstielt und „Innenleben" entfernt, gehackt
- 60 g geriebener Käse (z. B. Emmentaler)
- 2 EL Zwiebel, fein gehackt
- 1 Knoblauchzehe, fein gehackt
- 3 EL Olivenöl
- 1 Prise Salz

So geht's:

1. Milch und Wasser in einem großen Topf zum Kochen bringen.
2. Maisgrieß unter laufendem Rühren langsam einstreuen.
3. Temperatur auf mittel bis niedrig verringern und weiter rühren, bis sich die Masse verfestigt und vom Topf löst.
4. Jetzt zügig Käse, Zwiebeln, Knoblauch und etwas Salz hinzugeben, gut einrühren und den Topf vom Feuer nehmen.
5. Die Polenta in eine leicht geölte kleine flache Kuchenform oder ein flaches Glasgefäß gießen, zudecken und für 3 Stunden in den Kühlschrank stellen, damit sie fest wird.
6. Den Grill vorheizen, sauberen Grillrost mit etwas Öl pinseln.
7. Polenta in Stücke schneiden, ebenfalls mit Öl bepinseln und auf mittlerer Hitze grillen, bis die Stücke leicht braun werden (ca. 8–12 Minuten). Einmal wenden (dabei erweist sich ein Grillwender als nützlich).

Alle Jalapeño-Polenta-Zutaten „mise en place"

.. und glattstreichen. Zudecken und für 3 Stunden kühlen, damit die Polenta fest wird.

Dann lässt sie sich leicht in Stücke schneiden (kleinere sind auf dem Grill praktischer als große).

Mit Öl pinseln und auf mittlerer Hitze grillen, bis sie leicht braun werden. Einmal wenden.

Maiskolben
mit Nitir Kibe

Nitir Kibe (auch *Nitir Kebe, Nitir Qibe, niter kebbeh*) ist ein in der äthiopischen Küche viel verwendetes würzig-pikantes Butterfett, unter anderem wird es zum Sautieren verwendet. In der traditionellen Herstellung wird die Butter erhitzt, der Wasseranteil verdunstet und feste Bestandteile werden durch Abseihen ausgefiltert. Wie geklärte Butter („Butterschmalz") ist sie dann wesentlich länger haltbar. Für unseren Zweck als Grillbutter ist dies aber nicht erforderlich, daher kommen die Gewürze in zerkleinerter Form direkt in die Butter. Der typische Geschmack ist aber derselbe, und Ihre gegrillten Maiskolben bekommen eine interessante exotische Note. Die peppige Butter macht sich aber auch gut auf Grill-Baguette, und Reste lassen sich bis zur nächsten Grillparty einfrieren.

Zutaten (4 Portionen)

- 4 frische Maiskolben

Zutaten für Nitir Kibe:

- 125 g ungesalzene Butter
- 2 TL afrikanische Birdeye-Chilis, zu Flocken zerkleinert
- 1 Schalotte, fein gehackt
- 1 Knoblauchzehe, fein gehackt
- 1 TL frische Ingwerwurzel, geschält und gerieben (siehe unseren Tipp unter Ingwer, Seite 18)
- 1 Messerspitze Nelken, gemahlen
- 1 Messerspitze Zimt, gemahlen
- 1 Messerspitze Kardamom, gemahlen
- ½ TL Turmeric (Curcuma, auch Gelbwurz), gemahlen

So geht's:

1. Nitir Kibe:
Butter auf Raumtemperatur erwärmen lassen. Wenn sie weich ist, alle Zutaten unterrühren. Bis zur Verwendung kühl stellen.

2. Maiskolben:
Von 4 großen, frischen Maiskolben die Hüllblätter und Fäden entfernen. Den Stiel bis auf ein 1–2 cm langes Stück abschneiden (verbrennt sonst nur auf dem Grill).

3. In Salzwasser 20 Minuten kochen (alternativ 10–15 Minuten in der Mikrowelle vorgaren).

4. Maiskolben abtrocknen, mit etwas Nitir Kibe Butter einpinseln und bei indirekter mittlerer Hitze goldbraun grillen (ca. 10 Minuten). Dabei mehrfach drehen, bis sie überall schön angebräunt sind.

5. Herausnehmen, großzügig mit der Gewürzbutter, dem Nitir Kebe, bepinseln, auf ein Grilltablett legen und darin nochmals ca. 10 Minuten auf dem Grill bei geringer Hitze durchziehen lassen.

Beim Servieren weitere Würzbutter zum Mais reichen.

Tipp: Die Maiskolben eignen sich auch als Beilage zu den Berbere Kifto. Afrikanischer Abend!

Birdeye-Chilis kurz trocken anrösten ...

... und nach Abkühlen im Mörser oder in einem Plastikbeutel zu Flocken zerkleinern.

Aus Chilis und den weiteren Zutaten Nitir Kibe zubereiten und den Mais schon beim Grillen damit bepinseln.

Chili Cornbread aus dem Dutch Oven

Cornbread ist ein uramerikanisches Maismehlgebäck, das nicht nur beim zünftigen Barbecue gereicht wird, sondern auch gerne im gusseisernen Dutch Oven am Lagerfeuer gebacken. Der lockeren Konsistenz nach ist es fast eher Kuchen als Brot, aber je nach Zutaten kann das Cornbread herzhaft oder süß ausfallen. Es passt perfekt zu Baked Beans und zu Ribs. In unserer Version sind natürlich Chilis mit drin. Klar, oder?

Tipps:

Wir nehmen keine grobe Polenta (Maisgrieß) oder feine Maisstärke, sondern normales gelbes Maismehl.

Unterhitze nicht übertreiben, da das Cornbread sonst am Boden ansetzen oder gar anbrennen kann.

Alle trockenen Zutaten in einer großen Schüssel vermengen. In einer weiteren Schüssel ...

... Milch, Öl, Eier und Honig verquirlen. Trockenmix zugeben, glattrühren, Chilis unterrühren.

Dutch Oven geölt vorwärmen und die Teigmischung gleichmäßig hineingießen, Deckel drauf ...

Zutaten (4 Portionen)

- 175 g Weizenmehl
- 175 g Gelbes Maismehl bzw. feingemahlene Polenta
- 150 g Zucker
- 2 EL Backpulver
- 1/2 TL Salz
- 2 Eier
- 180 ml Milch
- 4 EL Sonnenblumenöl
- 4 EL Honig
- 6 Serrano- oder Jalapeño-Chilis, entkernt, fein gehackt *

* Ersatzweise scharfe rote italienische Peperoni oder holländische Chilis. Rote und grüne Chilis gemischt machen sich optisch gut

So geht's:

1. Weizenmehl, Maismehl, Zucker, Backpulver und Salz in einer großen Schüssel vermengen.

2. In einer weiteren Schüssel Milch, Öl, Eier und Honig verquirlen.

3. Die Trockenmischung dazugeben und glattrühren, bis keine Klumpen mehr vorhanden sind.

4. Gehackte Chilis (und ggf. Schinkenwürfel) unterrühren.

5. Dutch Oven vorbereiten:
In einer geeigneten Feuerstelle (Feuerschale oder Kugelgrill) genug Grillbriketts für ein einlagiges Glutbett unter dem Dutch Oven anheizen (wir benötigen fürs das Cornbread im 10er Dutch Oven um die 10 Briketts „Unterhitze" und ebenso viele für den Deckel).

6. Sobald die Kohlen mit weißer Schicht überzogen sind, den Dutch Oven direkt über der Glut platzieren und ein wenig Sonnenblumen- oder Maiskeimöl in den Topf geben und darin verteilen

7. Sobald der Dutch Oven (und das Öl darin) gut angewärmt ist, die Teigmischung gleichmäßig hineingießen.

8. Deckel auflegen und die 10 Briketts als „Oberhitze" darauflegen. Etwa 20 Minuten backen, bzw. bis ein in den Teig gesteckter Holz-Zahnstocher sauber bleibt. Falls noch etwas mehr Bräunung gewünscht wird, den Topf von der Glut nehmen, auf eine feuerfeste Unterlage stellen und nur die Glut auf dem Deckel noch ein wenig einwirken lassen.

Zum Cornbread schmeckt eine Honig-Chili-Butter (links). 50 g Butter in einer kleinen Schüssel anwärmen, bis sie cremig wird, dann 3 EL dünnflüssigen Honig und 1 TL New Mexican Chili Powder oder ½ TL Peperoncino gemahlen unterrühren (lecker ist auch Chipotle gemahlen). Alles cremig verrühren, Butter bis zur Verwendung kühl stellen.

... und mit etwa 10 Briketts (je nach Dutch Oven) zusätzlicher „Oberhitze" backen.

So sieht es nach etwa 20 Minuten aus. Am besten Zahnstocher-Test machen.

Für mehr Bräunung nur mit Glut von oben noch ein wenig weiterbacken.

FEUERFLADEN

Zu einem zünftigen Barbecue gehört auch eine zünftige Brotbeilage, am besten natürlich auch vom Grill – und noch besser vom Grill mit Chili-Kick.

Tipp: Schärfe und Geschmacksrichtung können Sie durch Verwendung anderer Chilisorten und Gewürze variieren, zum Beispiel Rosmarin, Basilikum, zerstoßene Koriander-Saat oder Kreuzkümmel. Am nächsten Tag lassen sich eventuell übrig gebliebene Fladen im Toaster aufbacken.

Wasser mit Honig und zerbröckelter Hefe gut verrühren und 10 Minuten stehen lassen, bis die Hefe Blasen bildet.

Mehl und Salz in eine Schüssel sieben. Gewürze einstreuen, Hefemischung und Öl in eine Mulde gießen und verrühren.

Mit den Knethaken des Handrührgerätes erst auf niedriger, später auf höherer Stufe zu einem glatten Teig verkneten.

Zutaten (4–6 Fladen)

- 500 g Mehl (Typ 405) und etwas Mehl für die Arbeitsfläche
- 1 Würfel (40 g) frische Hefe
- 2 TL Salz
- 2 EL flüssiger Honig
- 6 EL Olivenöl (und noch etwas mehr für nachher zum Bepinseln der Fladen)
- 300 ml Wasser, lauwarm
- 1 TL Oregano, getrocknet
- 2 TL Habanero- Flocken (für mildere Fladen Peperoncino)

So geht's:

1. In einer kleineren Schüssel, das Wasser mit dem Honig und der zerbröckelten Hefe gut verrühren und 10 Minuten stehen lassen, bis die Hefe Blasen bildet.

2. Mehl und Salz in eine größere Schüssel sieben. Oregano und Chiliflocken auf den Mehlrand streuen, in die Mitte eine Mulde drücken.

3. Sobald die Wasser-Hefe-Honig-Mischung schäumt, diese und das Öl in die Mulde gießen und locker verrühren. Mit den Knethaken des Handrührgerätes erst auf niedriger, später auf höherer Stufe zu einem glatten Teig verkneten, bis er sich von der Schüssel löst.

4. Den Teig auf eine bemehlte Arbeitsfläche stürzen und mit gegebenenfalls leicht bemehlten Händen zu einem elastischen, weichen Teig verkneten (ca. 3–4 Minuten).

5. Teig zu einer Kugel formen, in eine geölte größere Schüssel legen und mit Plastikfolie oder feuchtem Küchentuch abdecken. An einem warmen Ort 40–45 Minuten gehen lassen, bis er sein Volumen etwa verdoppelt hat.

6. Den Teig aus der Schüssel wieder auf eine leicht bemehlte Arbeitsfläche kippen, nur ganz leicht kneten um die Luft herauszudrücken, und mit einem Kunststoffmesser in 4–6 gleichgroße Stücke teilen. Diese mit den Händen oder dem Nudelholz ca. 1,5 cm dick oval (oder rund, wie Sie möchten) zu Fladen formen und auf dem bemehlten Brett mit einem Küchentuch zugedeckt nochmals 30 Minuten gehen lassen.

7. Grill für direktes Grillen bei niedriger bis mittlerer Hitze vorbereiten.

8. Die Fladen dünn mit Öl bepinseln und mit der öligen Seite nach unten auf den Grillrost legen, auch die Oberseite leicht einpinseln. Nach ca. 3–4 Minuten oder wenn sie an der Unterseite die gewünschte Bräune haben, Fladen wenden und weitere 3–4 Minuten grillen. Es ist ratsam, dabei zu bleiben, denn manchmal geht es auch schneller, je nach Teig und Feuer!

9. Vom Grill nehmen und möglichst auf einem Holzrost abkühlen lassen – reinbeißen und genießen!

3–4 Minuten zu weichem Teig verkneten, eine Kugel formen, in geölter größerer Schüssel bedeckt 40–45 Minuten gehen lassen.

Auf bemehlter Arbeitsfläche Luft kurz herauskneten, in 4–6 Stücke teilen, ca. 1,5 cm dicke Fladen formen, zugedeckt ...

... nochmals 30 Minuten gehen lassen, einölen und auf dem vorgeheizten Grill je Seite 3–4 Minuten backen.

Spicy Cole Slaw

„Cole Slaw“ kommt vom holländischen „koolsla“ und bedeutet Kohl- oder Krautsalat. Kohl ist in der Tat eine der Hauptzutaten dieser herzhaften Salatbeilage, die bei keinem American Barbecue fehlen darf, besonders nicht zu *Pulled Pork Sandwiches* (Seite 47). In unsere „aufgepepperte“ Version kommen statt Gemüsepaprika natürlich frische Chilis mit rein. Mit dem Mayo-freien Dressing zudem eine besonders schlanke Beilage!

Tipps:

Auf dem Markt können Sie bei Bedarf auch einen halben Kohlkopf bekommen.

Oder verwenden Sie den Rest des Kohls für einen herzhaften Stew mit übriggebliebenem Barbecue-Fleisch.

Optional kann auch etwas fein geschnittene Ananas (frisch oder Konserve) mit untergemischt werden.

Kaufen Sie für den Zitronensaft eine unbehandelte Frucht; etwas Schalenabrieb gibt dem Dressing eine frische Note.

Zutaten (4 Portionen)

200 g frischer Weißkohl

1 große Karotte (ca. 100 g)

2 knackig-frische grüne Jalapeño-Chilis

1 rote Chili-Schote (z. B. Holland-Cayenne)

1 mittlere rote Zwiebel

Dressing:

60 ml Olivenöl extra nativ

3 EL Apfelessig

2 EL Zitronensaft, frisch gepresst

1 TL Dijon-Senf

1 EL *Cajun-Würzmischung* (Seite 200)

2 TL Zucker

1 TL schwarzer Pfeffer, grob gemahlen

bis

So geht's:

1. Dressing:
Alle Dressing-Zutaten in einer kleinen Schüssel gut verrühren.

2. Salat:
Weißkohlblätter in feine Streifen schneiden, Karotte schälen und in feine Streifen schneiden („Julienne").

3. Chilis köpfen, Innenleben entfernen und in feine Ringe schneiden, rote Zwiebel pellen, halbieren und in feine Halbringe schneiden.

4. Gemüsezutaten in einer großen Schüssel gut vermengen, dann das Dressing unterheben, gut vermischen. 2–3 Stunden kühl stellen und ziehen lassen. Vor dem Servieren noch einmal aufmischen.

Chipotle-Pasta-Salat

Die perfekte Beilage fürs Grill-Picknick

Dieser Nudelsalat bekommt von Chipotles in Adobo (geräucherte rotgereifte Jalapeño-Chilis in würziger Tomatensoße, siehe Seite 14) eine rauchig-pikante Note. Er eignet sich als Hauptgericht, aber auch als leckere Beilage zu Gegrilltem.

Tipp:

Wer den Salat als Hauptspeise servieren möchte, kann auch gewürfelten Kochschinken oder übrig gebliebenes Fleisch aus dem Barbecue Smoker dazugeben.

Zutaten (4-6 Portionen)

- 500 g Spiralnudeln (ital.: „Fusilli")
- 150 g gute Mayonnaise
- 150 g (ein Becher) Magermilch-Joghurt
- 200 g (eine kleine Dose) Chipotle in Adobo Sauce
- 1 Glas Maiskörner (Abtropfgewicht 230 g)
- 1 Dose Kidney-Bohnen (Abtropfgewicht 250 g)
- 4 EL Tomatenketchup
- 1–2 EL Cilantro (Korianderkraut), gehackt
- 1 TL Zucker
- Pfeffer und Salz zum Abschmecken
- Deko: Cilantro-Zweige, einige der Chipotle-Chilis aus der Dose

So geht's:

1. Pasta nach Packungsangabe „al dente" kochen, abkühlen lassen.
2. Bohnen und Mais abtropfen lassen.
3. In einer kleinen Schüssel mit Gabel oder kleinem Schneebesen Joghurt und Mayo glattrühren.
4. Sechs Chipotle-Chilis aus der Dose mit scharfem Messer häckseln (nicht pürieren – sie sollen etwas von ihrer Struktur behalten).
5. Die gehackten Chipotles sowie 1 EL der Adobo-Soße, den Tomatenketchup und den Zucker in die Mayo-Joghurt-Soße einrühren.
6. Mit Pfeffer und Salz abschmecken.
7. Abgekühlte Pasta sowie Mais und Bohnen in eine große Schüssel geben und die Soße unterheben, gut vermischen.
8. Gehackte Korianderblätter untermengen, ebenso 1–2 weitere gehäckselte Chipotle-Chilis.
9. Salat kühlstellen und mindestens eine Stunde durchziehen lassen.
10. Zum Servieren mit Cilantro-Zweiglein, und womöglich den übrig gebliebenen Chipotle-Chilis dekorieren.

Dieser Salat lässt sich aus gut zu bevorratenden Zutaten schnell zubereiten.

SOUTHWESTERN SPICE BUTTER

Würzbutter, die auf gegrilltem oder gebratenem Fleisch zart verläuft, ist was Feines, und selbstgemacht schmeckt sie am besten. Mit der Southwestern-Würzmischung ist sie blitzschnell fertig, und sie eignet sich auch bestens für herzhafte Grill-Baguettes.

Zutaten** für 100 g Würzbutter*

100 g Butter

3 TL *Southwestern-Würzmischung* (Seite 203)

* Diese Menge reicht bei uns immer für zwei Steaks und ein mittleres Baguette.

So geht's:

1. Die weiche Butter in ein hochwandiges kleines Gefäß geben und einige Sekunden in der Mikrowelle erwärmen, sodass sie cremig wird.

2. Mit einer Gabel Southwestern-Würzmischung gleichmäßig unterrühren.

3. Butter auf einem großen Stück Klarsichtfolie mit einem Teigschaber oder Löffel als Strang von etwa 12 cm Länge verteilen.

4. Untere Kante der Folie nehmen und damit die Butter zu einer Rolle formen. Ein Ende gut verzwirbeln. Das andere Ende nehmen, und die Rolle in eine gleichmäßige Form drücken; ebenfalls verzwirbeln.

5. Für mindestens 1 Stunde ins TK-Fach oder den TK-Schrank legen; dabei auf flache Unterlage achten. Die Butter lässt sich bis zu 3 Monate lang einfrieren.

6. Zum Gebrauch aus dem TK nehmen, in Scheiben schneiden und gleich aufs Fleisch oder auf den Fisch legen. Zur Verwendung für Grill-Baguettes ein paar Minuten weich werden lassen, bis die Butter streichfähig ist.

Butter leicht anwärmen, Southwestern-Würzmischung zugeben ...

... und gut verrühren und leicht kühlen.

In Klarsichtfolie zu einer Rolle formen und ins TK-Fach legen.

SOUTHWESTERN BAGUETTE

Unsere Southwestern Spice Butter eignet sich bestens für herzhafte Grill-Baguettes. Immer eine willkommene Beilage, die wenig Arbeit macht!

Zutaten für 2 Baguettes

2 Baguettes oder Ciabatta (ca. 250 g)

1 Rezept *Southwestern Spice Butter* (siehe nebenseitig)

So geht‘s:

1. Grill auf mittlere Hitze vorheizen.
2. Butter aus dem TK-Fach nehmen und streichweich werden lassen. Das Brot scheibenweise ein-, aber nicht durchschneiden – es soll unten noch zusammenhalten. Scheibenstärke etwa 2 cm.
3. Streichfähige Würzbutter gleichmäßig in die Zwischenräume streichen.
4. Brot stramm in Alufolie wickeln und im Grill (nicht zu nahe an der Glut) 6–8 Minuten backen.
5. Aus der Folie wickeln (heiß!) und gleich servieren.

Baguette einschneiden und weiche Butter einstreichen.

Fest in Alufolie einwickeln ...

... und 6–8 Minuten grillen. Auswickeln und genießen.

Hokkaido-Kürbis mit Butterscotch Sauce

Da Kürbis von Natur aus süß und nussig schmeckt, eignet er sich durchaus auch als Dessert. Zusätzliche Süße und einen netten Chili-Kick bringt unsere Butterscotch-Soße, mit zweimal „Scotch": Nämlich Scotch Whisky und Scotch Bonnet, dem karibischen Verwandten der Habanero-Chilis. Die Soße kann man bei Bedarf schon am Vortag zubereiten und kühl stellen.

Als Kürbis verwenden wir am liebsten Hokkaido. Er ist nicht nur schmackhaft, in handlichen Größen erhältlich und gut lagerfähig. Es ist auch die einzige Sorte, die man mit Schale verzehren kann; sie wird beim Garen weich.

Chili aufschneiden (Schutzhandschuhe!), Innenleben entfernen und Schote fein hacken. Butter grob würfeln.

Zucker, Sahne, Butter und gehackte Chili vorsichtig erhitzen, bis sich der Zucker aufgelöst hat. Dabei laufend umrühren.

Mischung zum Kochen bringen, Hitze reduzieren und unter ständigem Rühren etwa 5 Minuten weiterköcheln lassen, ...

Zutaten (4 Portionen)

- 1 Hokkaido-Kürbis, mittelgroß
- 1 roter Scotch-Bonnet Chili (ersatzweise roter Habanero), frisch oder eingelegt
- 90 g brauner Zucker
- 40 g ungesalzene Butter
- 100 ml Schlagsahne
- 2 TL Scotch Whisky
- 1 Packung Vanille- oder Walnuss-Eiscreme

Hokkaido und Habanero, ein schönes Gespann

So geht's:

Butterscotch-Soße:

1. Scotch Bonnet Chili aufschneiden, Innenleben entfernen und Schote fein hacken. Butter grob würfeln.
2. In einem kleinen Topf Zucker, Sahne, Butter und gehackte Scotch Bonnet bei niedriger Temperatur erhitzen, bis sich der Zucker aufgelöst hat. Dabei gut umrühren.
3. Temperatur erhöhen und die Mischung zum Kochen bringen; dann wieder auf mittlere Hitze reduzieren und unter ständigem Umrühren etwa 5 Minuten weiterköcheln lassen, bis die Soße leicht dick wird.
4. Währenddessen den Whisky hinzugeben.
5. Soße vom Feuer nehmen und abkühlen lassen. Am besten bereits jetzt zum späteren Servieren in ein kleines Glasgefäß umfüllen.

Gegrillter Kürbis:

1. Grill für indirektes Garen bei mittlerer Hitze vorbereiten.
2. Kürbis waschen, abtrocknen und halbieren. Kerne und weiche Fasern mit einem Löffel gründlich entfernen.
3. Kürbis in ca. 1 cm breite Streifen schneiden, diese von beiden Seiten leicht einölen.
4. Kürbisstreifen auf den vorgeheizten Grill in der indirekten Zone platzieren und im geschlossenen Grill ca. 20–30 Minuten garen, bis der Kürbis schön weich ist (Zahnstocher-Test).
5. Wollen Sie Grillmarkierungen haben, die garen Kürbisstreifen zum Schluss ganz kurz in die direkte Zone legen.
6. Mit einer Kugel Vanille- oder Walnusseis anrichten und mit der Butterscotch-Soße servieren.

... bis die Soße leicht dick wird. Währenddessen den Whisky hinzugeben, noch ein wenig eindicken lassen.

Kürbis halbieren, Kerne und weiche Fasern mit einem Löffel gründlich entfernen. Etwa 1 cm breite Streifen schneiden und ...

... im vorgeheizten Grill bei mittlerer Hitze von beiden Seiten grillen, bis er weich ist und leichte Grillmarken bekommt.

Bananenspieße im Speckmantel

Rauchig-pikant-süßes Dessert vom Grill

Haben Sie nach dem Hauptgang noch etwas Glut im Grill, dann servieren Sie doch unsere Bacon Bananas, die im Nu zubereitet sind, besonders wenn Sie noch etwas fruchtige Glasur (*Glaze*) übrig haben. Wir empfehlen die *Apricot Chili Glaze* (Seite 197).

Zutaten (4 Portionen)

- 4 reife aber feste Bananen
- 4 dünne Scheiben Bacon (Frühstücksspeck)
- 8 EL *Apricot Chili Glaze* (Seite 197)

So geht's:

1. Bananen schälen und in 4 Teile à ca. 5 cm schneiden.
2. Jedes Stück mit einer Bacon-Scheibe dicht umwickeln.
3. Jeweils 4 Bananenstücke quer auf einen Grillspieß stecken; (Bambus- oder Holzspieße vorher 1 Stunde in Wasser legen, damit sie auf dem Grill nicht verbrennen.
4. Spieße bei nicht zu starker Hitze direkt über der Restglut bzw. auf kleiner Gasflamme von beiden Seiten grillen, bis der Speck knusprig und die Banane leicht weich ist. Dabei wiederholt mit dem Apricot Glaze bestreichen. Auf dem Teller mit weiterer Glaze als Soße übergießen. Heiß servieren.

Bacon Bananas: Leckeres Dessert grillen und Lob einheimsen.

Apple Rings of Fire

Verführerisches Apfel-Dessert von der Zedern-Planke

Zutaten (3 Portionen)

- 3 mittlere Äpfel (z. B. Boskop)
- 3 TL Zitronensaft

Für die Soße:

- 125 ml brauner Rum
- 125 ml flüssiger Honig
- 1/2 EL Butter
- 2 EL Mandelstifte
- 1 EL Rosinen, in Rum eingeweicht
- 1 Msp. Muskatnuss,
- 1 Msp. Zimt, gemahlen
- 1 TL Peperoncino, gemahlen

Spektakulär: Dessert von der Planke! Die Apfelringe bekommen feines Zedernholz-Aroma, die süße Soße liefert den Kick.

So geht's:

1. Äpfel schälen, Kerngehäuse ausstechen, 1 cm dicke Ringe schneiden und rundherum mit Zitronensaft einreiben.

2. Ringe auf die zuvor 1 Stunde gewässerte und im Grill direkt kurz erhitzte Planke legen, 20 Minuten bei direkter mittlerer Hitze grillen. Wenden, nochmals 5–10 Minuten grillen.

3. Währenddessen für die Soße Mandelstifte in einem kleinen Topf trocken anrösten. Rum, Honig, Rumrosinen und Gewürze dazu geben, gut verrühren und zum Kochen bringen.

4. Hitze reduzieren und ca. 10 Minuten köcheln lassen, bis die Soße etwas dickflüssiger wird.

5. Topf vom Feuer nehmen und Soße mit der Butter abziehen.

6. Sind die Apfelscheiben weich (Gabeltest), mit der warmen Soße anrichten; dazu passen perfekt Amarettini (italienische Mandelkekse) oder Eiscreme.

Mit Zitronensaft gegen Braunwerden eingeriebene Apfelringe auf eingeweichter, zuvor erhitzter Planke grillen.

Soße ca. 10 Minuten köcheln und eindicken lassen, mit Butter abziehen.

Pineapple Upside Down Cake

Der amerikanische Kuchen-Klassiker, vom Grill und mit Kick

Der gestürzte Ananaskuchen ist ein Klassiker: Unten in die Form kommt Ananas, darauf der Teig, und nach dem Backen wird der Kuchen umgedreht serviert („upside down"). Das sieht spektakulär aus und schmeckt durch die karamellisierten Ananas einfach toll, die Konsistenz erinnert an Bread Pudding – ein schönes Dessert.

Bei uns gibt's natürlich die „aufgepepperte" Version, und dazu noch vom Grill. Wir benutzen dazu eine gusseiserne Pfanne von 23 cm Durchmesser und etwa 0,75 l Inhalt, die ein Grillhersteller als „Aromapfanne" im Sortiment hat. Sie ist eigentlich dazu gedacht, mit Flüssigkeit gefüllt unter den Grillrost gestellt zu werden, aber man kann darin auch hervorragend brutzeln. Und backen! Andere Gusseisenpfannen ohne Holzstiel eignen sich jedoch ebenfalls. Am besten klappt es im Gasgrill, da wir für 45 Minuten eine konstante Temperatur im Bereich von 150 bis 175 °C benötigen.

Teigmasse anrühren. Die Konsistenz gleicht Pfannkuchenteig.

Ananasringe buttern und bei direkter Hitze beidseitig grillen.

Butter, Zucker und Gewürze schmelzen und karamellisieren.

Zutaten (4–6 Portionen)

Für den „Belag":
- 3–4 frische Ananasringe, 1,5 cm dick
- 2 EL Butter
- ½ EL Butter, geschmolzen
- 75 g brauner Zucker
- 1–2 TL Peperoncino, gemahlen

Für die Teigmasse:
- 100 g Mehl Type 405
- 100 g Zucker
- 2/3 TL Backpulver
- 1 Msp. Back-Natron
- 2 EL Kokosflocken
- 1 Msp. Salz
- 150 ml Milch 3,5%
- 2 EL dunkler Rum
- 1 großes Ei
- 2/3 TL Vanille-Extrakt
- 3 EL weiche Butter

Tipp: Kuchen am besten warm oder bei Zimmertemperatur servieren. Wer die Kalorien nicht scheut, reicht dazu mit Peperoncino bestäubte Schlagsahne oder eine Kugel Eiscreme.

So geht's:

1. Für die Teigmasse Mehl, Backpulver, Natron und Salz in eine kleine Schüssel sieben. In einer größeren Schüssel Butter und Zucker mit dem elektrischen Handmixer cremig rühren (2–4 Minuten).

2. Mit dem Mixer auf niedriger Stufe Ei, Milch, Vanille, Rum, Kokosflocken, dann nach und nach Mehlmix zugeben. Zu gleichmäßigem weichem Teig verrühren.

3. Grill für direkte mittlere Hitze vorbereiten, die Ananasringe mit der geschmolzenen Butter bepinseln und bei offener Haube ca. 2 Minuten pro Seite direkt grillen, sodass sie schöne Grillstreifen bekommen. Vom Grill nehmen, während der Belag vorbereitet wird.

4. Die Gusseisenpfanne auf die direkte mittlere Hitze stellen, die 2 EL Butter, braunen Zucker und Peperoncino hineingeben, und mit einem Holzlöffel rühren, bis der Zucker geschmolzen ist und das Ganze an den Rändern zu blubbern beginnt.

5. Pfanne vom Feuer nehmen und die Ananasringe im karamellisierten Zucker gleichmäßig anordnen. Teigmasse gleichmäßig darüber verteilen.

6. Über nunmehr indirekter Hitze (150 bis 175 °C) bei geschlossenem Grill 40–45 Minuten backen, bis der Kuchen goldbraun und durchgebacken ist (Zahnstocher-Test). Damit der Kuchen gleichmäßig backt, Pfanne nach der halben Backzeit um 180 Grad drehen (bei Holzkohle evtl. glühende Briketts nachlegen).

7. Pfanne mit Handschuhen aus dem Grill nehmen und ca. 10 Minuten abkühlen lassen. Dann mit einem scharfen Messer den Kuchen vom Pfannenrand lösen, einen geeigneten Servierteller mit der Oberseite nach unten auf die Pfanne legen und beides zusammen umdrehen – „upside down" eben. Pfanne vorsichtig abheben.

Gegrillte Ananasringe einlegen.

Teig gleichmäßig darübergießen ...

... und im geschlossenen Grill bei indirekter Hitze backen.

Spicy Apple Cornbread Cake

Cornbread mal als Kuchen ... natürlich vom Grill

Cornbread zum Barbecue ist einfach lecker, und es kann auch Basis für einen Dessert-Kuchen sein. Ähnlich wie der *Pineapple Upside Down Cake* auf den vorhergehenden Seiten wird er in einer gusseisernen Pfanne auf dem Grill gebacken und dann auf einen Teller gestürzt (siehe dort auch Hinweise zur Pfanne). Auch hier empfehlen wir einen Gasgrill, da für 30 Minuten eine konstante Temperatur im Bereich von 175 bis 180 °C benötigt wird.

Teig anrühren und beiseite stellen.

Zucker und Chilipulver in die geschmolzene Butter, gut verrühren.

Walnüsse einstreuen und erhitzen, bis die Mischung Blasen bildet.

Zutaten (4–6 Portionen)

Für den „Belag":

- 3 EL Butter, geschmolzen
- 3 EL brauner Zucker
- 1 TL Peperoncini, gemahlen
- 1 TL Zimt
- 40 g Walnusskerne, gehackt
- 175 g Apfel, geschält, gewürfelt, mit Zitronensaft beträufelt

Für den Teig:

- 75 g Weizenmehl Type 405
- 75 g Maismehl
- 1 TL Backpulver
- 3 EL Zucker
- ¼ TL Salz
- ½ TL Vanille-Extrakt
- 125 ml Milch
- 1 großes Ei
- 1 EL weiche Butter

So geht's:

1. Teig: Mehl, Maismehl, Backpulver, Salz und Zucker in eine Schüssel sieben.

2. Milch und weiche Butter zur Trockenmischung geben, etwa 1 Minute mit dem Handrührgerät verrühren, danach Ei und Vanille einrühren (ebenfalls ca. 1 Minute). Beiseite stellen.

3. „Belag": Grill für mittlere direkte Hitze vorheizen, gusseiserne Pfanne erhitzen, geschmolzene Butter hineingeben und erhitzen. Zucker, Chilipulver und Walnüsse hinzugeben, gut verrühren und ca. 3–5 Minuten erhitzen, bis die Mischung Blasen bildet.

4. Die Apfelwürfel auf den Nüssen verteilen und großzügig mit Zimt bestreuen.

5. Pfanne vom Feuer ziehen und den Teig gleichmäßig über den Äpfeln verteilen.

6. Pfanne in die indirekte Zone stellen (ggf. einen Brenner ausschalten) und 30 Minuten im geschlossenen Grill bei 175–180 °C backen. Damit der Kuchen gleichmäßig backt, Pfanne nach 15 Minuten um 180 Grad drehen.

7. Der Kuchen ist fertig, wenn er oben goldbraun ist und den Zahnstochertest besteht. Pfanne vom Grill nehmen (Handschuhe!) und 10 Minuten stehen lassen.

8. Mit einem scharfen Messer Kuchen vom Rand lösen und auf einen Servierteller stürzen.

Tipp: Noch warm und mit einer Kugel Walnuss-Eis servieren ... mmmh!

Apfelwürfel auf den Nüssen verteilen und mit Zimt bestreuen.

Pfanne vom Feuer ziehen und Teig über den Äpfeln verteilen.

30 Minuten indirekt im geschlossenen Grill backen (175–180 °C).

Rauchig-pikante Knabbernüsse

Ob Party, Fußball-Fernsehabend oder einfach so: Die Knabbermischung aus rauchig-knackigen Nüssen findet reißenden Absatz – irgendwie muss man immer wieder zugreifen. Der Suchtfaktor ergibt sich aus dem Zusammenspiel frisch gerösteter Nüsse mit den Geschmacksnoten süß, salzig und rauchig-pikant. Letzteres kommt von Zucker, Cajun-Würzmischung und Rauch aus der Smokerbox. Wichtig ist, dass die verwendeten Nüsse noch ungeröstet und ungesalzen sind. Wir nehmen gerne zu gleichen Teilen Mandeln, Pecan und Cashew, aber auch Erdnüsse und Macadamia eignen sich bestens für den Knabbermix. Beim Holzkohle-Grill lässt sich gut die Resthitze nach dem Hauptgang ausnutzen.

Nüsse in einer großen Schüssel mit dem Öl gut vermengen, bis alle rundherum mit Öl überzogen sind.

Mix aus Zucker, Salz und Würzmischung gründlich mit den geölten Nüssen vermengen.

Sobald die Smokerbox raucht, Nüsse auf einem Grilltablett ca. 10 Minuten im geschlossenen Grill bei direkter Hitze rösten.

Zutaten (250 g Nuss-Mix)

250 g Nüsse (Mandeln, Pecan, Cashew, Erdnüsse, Macadamia), ungeröstet und ungesalzen

2–3 TL Sonnenblumenöl

2 EL Zucker

1 EL *Cajun-* oder *Southwestern-Würzmischung* (Seite 203)

1 TL Meersalz

1 Handvoll Smoker-Chips (Pecan, Hickory oder Mesquite)

bis

Tipp:

Wer es schärfer mag, gibt ein wenig Habanero oder Bhut Jolokia gemahlen in die Würzmischung. Wem die rauchige Note nicht zusagt (obwohl sie wirklich ideal zu den Röstnüssen passt), lässt einfach die Smokerbox weg.

So geht's:

1. Holzchips 30–60 Minuten in Wasser einweichen, abtropfen lassen und Smokerbox oder Alufolienpaket befüllen (Seite 31) .

2. Grill auf mittlere Temperatur vorheizen, Smokerbox einsetzen, Grill schließen.

3. Nüsse in einer großen Schüssel mit dem Öl gut vermengen, bis alle rundherum mit Öl überzogen sind.

4. In einer kleinen Schüssel Zucker, Salz und Würzmischung gründlich vermischen.

5. Mischung über die Nüsse geben und vermengen, sodass die Oberfläche der Nüsse gut damit bedeckt ist.

6. Sobald sich im Grill Rauch aus der Smokerbox zeigt, Nüsse auf einem Grilltablett verteilen und ca. 10 Minuten im geschlossenen Grill bei direkter Hitze rösten (nach 5 Minuten kontrollieren und Grilltablett ein wenig rütteln).

7. Die Nüsse sind fertig, wenn sie etwas Farbe bekommen haben, knusprig werden und anfangen, zu duften. Wichtig: Das Rösten gut beobachten, aufgrund des karamellisierenden Zuckers werden die Nüsse bei zu langer Erhitzung schnell zu dunkel.

8. Nüsse abkühlen lassen und bis zum Verzehr vor Naschkatzen geschützt in einem luftdichten Gefäß aufbewahren.

Ananas-Ingwer-Soße

... mit rotem Habanero

Karibisches Flair und reichlich Feuer für Seafood, Schwein und Geflügel ... und Desserts!

Schneiden Sie mal eine frische Habanero auf und schnuppern Sie: Diese Chilis sind nicht nur feurig-scharf, sie glänzen vor allem durch ein komplexes fruchtiges Aroma – perfekt für die Kombination mit tropischen Früchten, zum Beispiel Ananas.

Für diese feurig-fruchtige Soße verwendet man am besten tropische rote Habaneros (*Tropical Red*), Mutige nehmen *Trinidad Scorpion*, den noch schärferen karibischen Verwandten der Habaneros.

Die feurig-fruchtige Soße passt zu hellem Grillfleisch und besonders gut zu Shrimps und Fisch, wie beim *Karibischen Fischfilet mit Ananas-Ingwer-Soße* (Seite 94).

Tipp: Die Soße kann kalt und warm verwendet werden; sie hält sich gegebenenfalls ein paar Tage im Kühlschrank, sodass sie bei Bedarf am Vortage zubereitet werden kann.

Zutaten (ca. 300 ml Soße)

- 2 Ananas-Scheiben, geschält und in kleine Würfel geschnitten
- 1 rote Habanero-Schote, frisch oder eingelegt, fein geschnitten
- 2 EL Ingwerwurzel, geschält, fein gehackt
- 200 ml Wasser
- 50 ml Ananas-Saft
- 50 ml Limettensaft, frisch gepresst
- 2 EL trockener Weißwein
- 2 TL Sojasoße oder Tamari
- 60 g Zucker
- 2 EL Maisstärke

So geht's:

1. In einem kleinen Topf Ananas- und Limettensaft, Zucker sowie Stärke glatt rühren. Ingwer, Habanero, Sojasoße und Wasser hinzugeben. Gut verrühren.

2. Soße bei mittlerer Temperatur erhitzen und solange köcheln lassen, bis sie durchsichtig und dick wird (ca. 5 Minuten)

3. Ananas-Stückchen und Wein einrühren, nochmals 1–2 Minuten köcheln lassen, vom Feuer nehmen.

COFFEE BOURBON BBQ SAUCE

Eine gleichermaßen ungewöhnliche wie leckere Barbecue Sauce, besonders zu Schwein und Geflügel. Passt perfekt zu unserem **Mesquite Smoked Coffee Chicken** (Seite 78). Die Zugabe des Bourbon Whiskey ist optional, aber glauben Sie uns, mit dem „Booze" schmeckt die Sauce nochmal so gut.

Alle Zutaten bis auf den Whiskey und Pfeffer & Salz in einen mittleren Topf geben, gut durchrühren und auf mittlerer Hitze zum Kochen bringen ...

... und bei verringerter Temperatur etwa 30 Minuten köcheln lassen, bis die Soße eine dickliche Konsistenz bekommt.

Zutaten (500 ml Soße)

- 200 ml passierte Tomaten
- 50 ml Apfelessig
- 100 ml starker Kaffee, am besten Espresso
- 2 TL Worcestershiresauce
- 2 EL Senf, mittelscharf
- 50 g Zwiebel, fein gehackt (1 mittelgroße)
- 1 Knoblauchzehe, fein gehackt
- 1 große frische Peperoncino-Schote (Serrano oder Cayenne)
- 130 g brauner Zucker
- 1 TL Cumin (Kreuzkümmel), gemahlen
- ½ TL Zimt, gemahlen
- 1 TL Peperoncino oder Cayenne, gemahlen
- Pfeffer & Salz zum Abschmecken
- 30 ml guter Bourbon Whiskey (optional)

So geht's:

1. Alle Zutaten bis auf den Whiskey und Pfeffer & Salz in einen mittleren Kochtopf (1,5 – 2 Liter) geben, gut durchrühren und auf mittlerer Hitze zum Kochen bringen.

2. Temperatur verringern und die Sauce ca. 30 Minuten köcheln lassen, sodass sie auf eine dickliche Konsistenz reduziert; dabei gelegentlich umrühren.

3. Sauce etwas abkühlen lassen und im Mixer oder mit dem Pürierstab pürieren.

4. Noch einmal leicht aufkochen, den Whiskey (optional) zugeben, mit Pfeffer & Salz abschmecken und weitere 5 Minuten köcheln lassen.

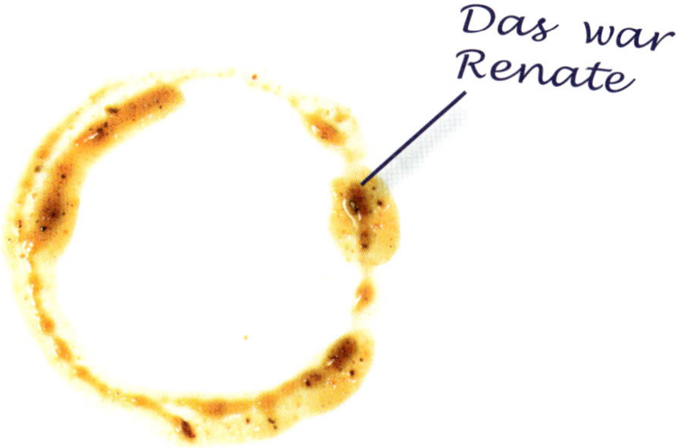

Tipps:

Im geschlossenen Gefäß im Kühlschrank aufbewahrt, hält sich die Sauce 1–2 Wochen.

Als Tomatenbasis eignet sich auch italienischer Sugo, der zum Teil auch in Bio-Qualität angeboten wird (typische Flasche siehe rechts).

Eine gehackte Zwiebel in etwas Öl andünsten, eine Dose abgetropfte weiße Bohnen hineingeben und Coffee BBQ Sauce einrühren – fertig sind die Blitz-Bohnen als Beilage!

Jalapeño-Tomaten-Soße

Mediterrane Soße für alle Gelegenheiten

Für alles, was eine saftige und herzhafte Soße verträgt, bietet sich diese mediterran angehauchte Variante an, z. B. für die *Jalapeño Polenta* auf Seite 140.

Diese lecker-pikante Tomatensoße passt (nicht nur) zur Polenta vom Grill.

Zutaten (300 ml Sauce)

- 150 ml Tomaten, stückig (Dose)
- 150 ml Tomatenketchup
- 2 TL Balsamico-Essig
- 2 EL guter Rotwein
- 1 EL Olivenöl
- 1–2 Jalapeño-Schoten, entkernt und gehackt
- 1 Schalotte oder kleine Zwiebel, gehackt
- 1 Knoblauchzehe, fein gehackt
- 1 TL Oregano, getrocknet
- ½ – 1 TL roter Peperoncino, gemahlen
- Pfeffer & Salz zum Abschmecken

So geht's:

1. In einem kleinen Topf das Öl erhitzen und darin Zwiebel und Jalapeños auf mittlerer Hitze weich dünsten. Dann den Knoblauch dazugeben, kurz mitdünsten.

2. Tomatenketchup und stückige Tomaten mit Saft dazugeben, gut verrühren.

3. Gewürze außer Salz und Pfeffer und Balsamico-Essig einrühren und Soße zum Kochen bringen.

4. Mit Rotwein, Pfeffer und Salz abschmecken und 5 Minuten köcheln lassen.

Tipp:

Die Soße lässt sich warm und kalt verwenden und hält sich im Kühlschrank ein paar Tage.

Puerto Rico
Mojo Sauce

Mojo ist eine puerto-ricanische Soße auf Zitrus- und Öl-Basis, die besonders gut zu Schwein passt, aber auch zu Geflügel. Sie empfiehlt sich zum Puerto Rico Pork Sandwich auf Seite 36 und zu den Chicken Wings #1 (Seite 70).

Geschnittene Zutaten in Öl über mittlerer Flamme ca. 5 Minuten weich dünsten.

Die übrigen Soßen-Zutaten hinzugeben, gut durchrühren, nochmals 5–10 Minuten köcheln lassen.

Etwas abkühlen lassen und zu cremiger Konsistenz pürieren.

Zutaten *(125 ml Soße)*

- 50 ml Sonnenblumenöl
- 70 ml Orangensaft, vorzugsweise frisch gepresst
- 2 EL Limettensaft
- 1–2 Frühlingszwiebeln (weißer und grüner Teil)
- 6 Knoblauchzehen
- 2–3 Habanero-Chilis
- Pfeffer und Salz zum Abschmecken

So geht's:

1. Frühlingszwiebeln in dünne Scheiben schneiden, Habaneros und Knoblauch hacken.

2. Das Öl in einer Sauté-Pfanne über mittlerer Flamme erhitzen. Die Zwiebeln und den Knoblauch darin ca. 5 Minuten weich dünsten.

3. Alle weiteren Soßen-Zutaten hinzugeben, gut durchrühren und das Ganze nochmals 5–10 Minuten köcheln lassen.

4. Etwas abkühlen lassen und in einem Mixer oder mit einem Stabmixer pürieren. Das Ergebnis sollte eine cremige Konsistenz haben.

Tipps:

Frisch zubereitet schmeckt die Mojo Sauce am besten, aber zugedeckt hält sie sich im Kühlschrank ein paar Tage.

Beachten Sie unseren High-Tech-Spritzschutz für den Pürierstab: Dank Bierdeckel bleibt die Soße beim Mixen im Topf. :-)

South Carolina Mustard Sauce

Jede USA-Region hat nicht nur ihre eigenen Barbecue-Spezialitäten, sondern auch jeweils die passenden Soßen dazu. In den Carolinas ist Pulled Pork der große Hit, die Soßen sind dünn und essigbasiert. In North Carolina enthält die Soße Ketchup und Gewürze, in South Carolina kommt eine würzige Senfsoße aufs Fleisch. Letztere gefällt uns besser, daher hier das Rezept. Das Pulled Pork selbst finden Sie auf Seite 47.

Zutaten (ca. 200 ml Soße)

- 6 EL mittelscharfer Senf
- 170 ml Apfelessig
- 2 TL Worcestershire Sauce
- 2 TL (oder mehr) rote Louisiana Style Hot Sauce
- 20 g Butter oder Margarine
- 6 EL Zucker
- 2 TL Salz
- 2 TL schwarzer Pfeffer, grob

So geht's:

1. Alle Zutaten in einem kleinen Topf verrühren und unter Rühren erhitzen. Auf mittlerer bis kleiner Flamme 30 Minuten köcheln lassen; vor Verwendung auf Raumtemperatur abkühlen lassen.

2. Falls nicht gleich verwendet, kühl stellen; so hält sich die Soße ein paar Tage. Eine Stunde vor Verwendung aus dem Kühlschrank nehmen.

Dip-Soße zum Berbere Kifto

Insbesondere in den warmen Monaten ist dieser tsatziki-inspirierte Dip eine erfrischende Ergänzung zu den pikanten Hackbällchen Berbere Kifto (Seite 56). Auch wenn Sie Ihrer Grillrunde Möhren- oder Sellerie-Sticks zum Knabbern anbieten, macht er sich gut.

Zutaten *(ca. 250 ml Dip-Soße)*

- 200 g fettarmer Joghurt (1,5%)
- 50 g frische Salatgurke, fein gehackt
- 1 Knoblauchzehe, fein gehackt
- 1 Msp. Kurkuma (Gelbwurzelpulver)
- 1 Msp. Piment, gemahlen (All Spice)
- ½ TL Cayenne-Chili, gemahlen
- 1 TL Fenchelgrün, gezupft
- 1 Prise Salz
- 1 Prise Zucker (Rohrzucker natur)
- Etwas Abrieb einer unbehandelten Zitrone

So geht's:

1. Alle Zutaten vorsichtig aber gründlich miteinander verrühren.

2. Vor dem Servieren zum Berbere Kifto mindestens 1 Stunde stehen lassen, damit die diversen Aromen gut miteinander verschmelzen können. Bei Bedarf kann natürlich auch mehr Chili-Pulver verwendet werden.

Tipp:

Vom Rest der Salatgurke einen tollen Paprika-Gurken-Salat machen!

Der Dip passt perfekt zu Kifto-Hackbällchen.

Molho de Piri Piri

Piri-Piri-Soße

Die Soße zum Marinieren des berühmten Frango Piri Piri

Die Portugiesen brachten einst Malagueta-Chilis aus Südamerika nach Europa, von hier aus auch nach Afrika, wo sie **Piri Piri** genannt wurden – eine Bezeichnung, die sich auch in Portugal einbürgerte. Für viele Speisen wird eine scharfe Soße aus Piri Piri, Knoblauch, Zitronensaft und Olivenöl verwendet, besonders zum Marinieren des berühmten feurigen Hähnchens *Frango Piri Piri* (Seite 76). Zum Würzen bei Tisch tut es eine essigbasierte kommerzielle Piri Piri Hot Sauce in der Flasche; zum Marinieren empfiehlt es sich aber, die traditionelle Molho de Piri Piri frisch zuzubereiten. Dies kann schon am Vortage geschehen, damit sie gut durchzieht.

Zutaten *(ca. 150 ml Soße)*

- 10–20 Malagueta- oder Birdeye-Chilis, je nach gewünschter Schärfe*
- 2 Knoblauchzehen
- 100 ml Olivenöl extra nativ
- Saft einer Zitrone (ca. 50 ml)
- ½ TL Salz

* frische Chilis. Alternativ getrocknete Chilis 1 Stunde in lauwarmem Wasser einweichen und abtropfen lassen.

So geht's:

1. Chilis entstielen und grob hacken, Knoblauch enthäuten und fein hacken.

2. Alle Zutaten mit einem Mini-Mixer oder Pürierstab gründlich zu einer homogenen Soße pürieren (kleine Chili-Stücke können sichtbar bleiben). Die helle Farbe kommt durch die Öl-Saft-Emulsion.

Erdnuss-Dip Asiatisch

Zutaten *(6 Portionen)*

- 150 g Erdnussbutter
- 60 ml Sojasoße
- 50 ml Limettensaft, frisch gepresst
- 125 ml Wasser
- 40 ml Sesamöl (ersatzweise Sonnenblumenöl)
- 1 gestrichener TL Maisstärke
- 2 EL Zucker
- 1–2 rote Thai-Chili (ersatzweise 1–2 TL rote Chili-Flocken
- 2 EL Thai-Cilantro oder Korianderkraut (Cilantro), frisch, fein gehackt
- 2 EL Grünes von Frühlingszwiebeln oder Schnittlauch, fein gehackt
- 1 EL Zitronengras, fein gehackt (sofern verfügbar)
- 1 Stückchen frische Ingwerwurzel, fein gehackt

Asiatisch angehaucht ist dieser leckere Erdnuss-Dip. Gleichzeitig salzig, leicht süß, pikant und so richtig erdnussig. Ideal zum Dippen von gegrilltem Schweinefleisch und Geflügel (heiß oder kalt), und ein Muss für unsere Putenspieße Asi-„Ah!“ (siehe Seite 68). Aber auch für Vegetarisches wie gestiftelte Möhren, Breadsticks oder Salzstangen. Im Winter auch extrem lecker zum Fondue!

So geht‘s:

1. Wasser in einen kleinen Topf geben und Stärke mit einem Schneebesen einrühren, bis sie sich vollständig aufgelöst hat.
2. Erdnussbutter, Sojasoße, Limettensaft, Öl, Zucker, Ingwer und Chili dazugeben, gut vermischen und mit einem kleinen Schneebesen glatt rühren.
3. Mischung bei mittlerer Hitze unter Umrühren vorsichtig zum Kochen bringen. Köcheln lassen, bis die Soße leicht dick wird (ca. 2–3 Minuten).
4. Vom Herd nehmen und abkühlen lassen, dann die gehackten Frühlingszwiebeln, Cilantro/Korianderkraut und ggf. Zitronengras einrühren.
5. Der Dip ist zum alsbaldigen Verbrauch bestimmt und schmeckt frisch zubreitet auch am besten. Im geschlossenen Gefäß hält er sich im Kühlschrank bei Bedarf aber ein paar Tage.

Espelette-Senf-Sahnesoße

Die leckere Soße passt perfekt zu gegrilltem Fisch und Shrimps, da sie deren zartes Aroma nicht übertönt. Französisch angehaucht ist sie durch den Basken-Chili Piment d'Espelette und den Dijon-Senf, die perfekt harmonieren. Probieren Sie die Soße unbedingt zu unserer *Forelle Baskische Art auf der Zedern-Planke* (Seite 90).

Zutaten *(200 ml Soße)*

- 200 ml Sahne
- 1 EL Dijon-Senf
- 2 TL Piment d'Espelette, gemahlen
- Pfeffer, Salz und (optional) Weißwein zum Abschmecken

So geht's:

1. Die Sahne in einem kleinen Topf vorsichtig zum Kochen bringen.
2. Dann Senf und Piment d'Espelette einrühren und köcheln lassen, bis die Soße auf etwa ¾ reduziert ist.
3. Mit Pfeffer und Salz, optional mit einem Schuss trockenem Weißwein abschmecken. Den Wein kann man weglassen, aber er gibt wirklich den letzten Pfiff!
4. Soße warm servieren.

Smoky BBQ Sauce

Keine Lust auf langweilige Supermarkt-Grillsoßen? Kreieren Sie doch Ihre eigene! Diese rauchig-tomatige Barbecue Sauce braucht sich hinter Profi-Produkten nicht zu verstecken und passt bestens zu gegrilltem oder gebratenem Fleisch und Fisch. Und sie hat Ihre persönliche Note.

Zutaten *(ca. 300 ml Soße)*

- 1 Dose (400 g) Tomaten, abgetropft
- 1 kleine Zwiebel
- 2 Knoblauchzehen
- 2 EL Tomaten-Ketchup
- 2 EL Apfelessig
- 2 EL Honig
- 1 EL Zitronensaft
- 1 EL Pflanzenöl
- 1 EL Senf, vorzugsweise Dijon
- 2 EL brauner Zucker
- 1 EL Ancho-Chili, gemahlen
- 1 EL Chipotle-Chili, gemahlen
- 1 Prise Salz

So geht's:

1. Zwiebel und Knoblauch schälen, fein hacken.

2. In einem kleinen Topf bei mittlerer Hitze Zwiebel und Knoblauch im Öl anschwitzen, aber nicht braun werden lassen (ca. 5 Minuten).

3. Die grob zerteilten Tomaten zugeben und ca. 15 Minuten dünsten.

4. Alle übrigen Zutaten unterrühren und 20 Minuten köcheln lassen. Falls zu dick, Konsistenz gegebenenfalls mit Tomaten-Abtropfsaft anpassen.

5. Mischung in einem Mixer oder mit dem Pürierstab pürieren, in ein geeignetes sauberes Glasgefäß gießen und abkühlen lassen. Gefäß gut verschließen und gekühlt aufbewahren (im Kühlschrank hält sich die Soße 1–2 Wochen).

Tipp: Experimentieren Sie ruhig ein wenig! Die Soße lässt sich geschmacklich vielseitig variieren. Fügen Sie vor dem Kochen zum Beispiel 2 TL Worcestershire-Soße hinzu. Oder 2 EL Bourbon-Whiskey während des Kochens!

Heftige HARISSA

Grüße aus Nordafrika

Auch an der afrikanischen Mittelmeerküste gibt's Scharfes: **Harissa** ist das „tunesische Nationalgewürz", und auch in Marokko und Algerien wird die feurige Paste zum Würzen von Schmorgerichten, Gemüse und insbesondere Couscous verwendet. Zwar gibt es Harissa in kleinen Dosen, Gläsern und Tuben fertig zu kaufen, es ist aber auch schnell selbst hergestellt und hat dann meist mehr Feuer. Außer beim Kochen wird es zum individuellen Würzen bei Tisch gereicht, ähnlich den indonesischen Sambals. Aber wie gesagt: unsere Harissa hat's in sich!

Koriander-, Kümmel- und Kumin-Samen mahlen. Dies kann auch in einem Mörser geschehen.

Alle Zutaten mit Öl zu einer Paste pürieren. Ist die Masse zu fest, etwas mehr Öl hinzugeben.

In ein Gefäß füllen, mit einer Schicht Olivenöl bedecken und zur Aufbewahrung kühl stellen.

Zutaten (4 Portionen)

- 30 g afrikanische Birdeye-Chilis, getrocknet
- 3 Knoblauchzehen, fein gehackt
- 1 TL Cumin (Kreuzkümmel), ganz oder gemahlen
- 3 TL Korianderkörner
- 2 TL Kümmelsamen
- 1-2 frische Minzblätter, fein geschnitten, oder (nur ersatzweise) 1 TL Minzblätter, getrocknet
- 2 EL gutes Olivenöl, weiteres Öl zum Anpassen der Konsistenz
- 1 TL Salz

So geht's:

1. Chilis ca. 1 Stunde in warmem Wasser einweichen (ggf. vorher entstielen).

2. Koriander- und Kümmelsamen (auch Cumin, falls ungemahlen) in eine elektrische Kaffee- oder Gewürzmühle geben und mahlen.

3. Chilis gut abtropfen und ein wenig zerschneiden. Schutzhandschuhe nicht vergessen!

4. Alle Zutaten in ein kleines Gefäß geben und mit dem Pürierstab zu einer Paste verarbeiten (alternativ Mini-Mixer verwenden). Ist die Masse zu fest, etwas mehr Öl hinzugeben und nochmals pürieren.

5. In ein Gefäß füllen, mit einer Schicht Olivenöl bedecken und zur Aufbewahrung in den Kühlschrank stellen; so hält sich die scharfe Würze bis zu 6 Wochen.

Achtung: Diese Paste wird extrem scharf, schärfer als viele Kaufprodukte, die wir probiert haben.

Tipps:

Harissa findet in unseren *Tandoori Chicken Wings* Verwendung (Seite 70).

Peppige Pommes: Tunen Sie Tomatenketchup mit etwas Harissa!

Guacamole

Pikanter Avocado-Dip

Das Fleisch brutzelt auf dem Grill und braucht noch ein wenig. Wie überbrücken Sie die Zeit und stimmen Ihre Gäste auf Ihren „feurigen" Grillabend ein? Zum Beispiel mit unserer Version von **Guacamole**, der mexikanischen Avocado-Spezialität. Wie nicht anders zu erwarten, ist unsere Guacamole etwas pikanter als üblich. Außer als Dip findet sie auch im Rezept *Margarita Grilled Shrimp & Avocado Quesadilla* Verwendung (Seite 100).

Zutaten (2 Portionen)

- 1 reife (weiche) Avocado
- 1 Cocktail-Tomate, fein gewürfelt
- 1 2 scharfe rote Chilis *, fein gehackt
- 1 TL Korianderkraut), gehackt
- 1 Knoblauch-Zehe, fein gehackt
- 2 TL Zwiebel, fein gehackt
- 2 TL Limetten- oder Zitronensaft
- 1 Prise Salz
- 1 Prise schwarzer Pfeffer
- 1 TL Sonnenblumen- oder Olivenöl

So geht's:

1. Avocado halbieren, Kern entfernen und mit einem Löffel das Fruchtfleisch herausschälen.

2. Mit einer Gabel gut zerdrücken und mit den übrigen Zutaten zu einer gleichmäßigen Paste verruhren.

3. Mit Pfeffer und Salz abschmecken.

4. Mit Tortilla-Chips (möglichst ungesalzen und ohne Aromen) frisch servieren.

Tipp: Guacamole sollte man stets frisch zubereiten, da das Avocado-Fruchtfleisch an der Luft schnell braun wird, was auch durch den Zitronensaft nur begrenzt verhindert werden kann.

* Zum Beispiel italienische Peperoncini oder Thai, ersatzweise 1–2 TL rote Chili-Flocken

Currysoße

fruchtig feurig

Sie suchen eine fruchtig-feurige Soße? Gefunden! Diese hier passt nicht nur zu Schweinefilets, Geflügel und vegetarischen Gerichten, sondern auch zu einer leckeren Nachspeise wie etwa gegrillten Bananen.

Zutaten *(ca. 300 ml Soße)*

- 12 Aprikosen, getrocknet, ungeschwefelt
- 1 Schalotte oder kleine Zwiebel
- 1 Stück frischer Ingwer (ca. 2 cm)
- 2 EL Sonnenblumenöl
- 0,25 l Apfelsaft
- 1 TL Currypulver (Madras oder Englisch)
- ½ TL Habanero gemahlen
- ½ TL Koriandersaat, gemahlen
- 1 Prise Salz

So geht's:

1. Getrocknete Aprikosen ca. eine Stunde in heißem Wasser einweichen.
2. Zwiebel oder Schalotte pellen, fein hacken und in einem kleinen Topf im Öl glasig dünsten (nicht bräunen).
3. Ingwer schälen und fein hacken oder auf einer Ingwerreibe zerreiben und zu den Zwiebeln geben, ebenso die Gewürze. Mit etwas Apfelsaft ablöschen.
4. Aprikosen ausdrücken, klein schneiden und in den Topf geben.
5. Etwa die Hälfte des Apfelsaftes hinzugeben, mit dem Pürierstab oder im kleinen Mixer pürieren (Vorsicht, heiß!) und mit einer Prise Salz abschmecken. Falls die Soße zu dick ist (etwa wie Ketchup wäre ideal), Konsistenz durch Zugabe weiteren Apfelsaftes und Pürieren anpassen.
6. Die Soße kann sowohl heiß als auch kalt serviert werden. Wer eine etwas säuerlichere Note möchte, kann die Soße noch mit etwas frischem Limettensaft abschmecken. Im Kühlschrank hält sie sich ein paar Tage.

Tropische Frucht-Salsa

Womöglich denken Sie, dass Salsa auf jeden Fall auf Tomaten und Zwiebeln basieren muss. Dabei gibt es speziell auf den karibischen Inseln viele köstliche Salsas, in denen die dort heimischen und reichlich vorhandenen Früchte – und natürlich auch die dort bestens gedeihenden scharfen Chilis – verwendet werden.

Die Zutaten zu dem folgenden Rezept sind ein typisches Beispiel dafür: Tropische Früchte, frischer Ingwer und feurige Habaneros.

Salsa ist spanisch, und das heißt ganz allgemein „Soße". Besonders außerhalb des spanischen Sprachraums versteht man unter *Salsa* eine mehr oder weniger „stückige" Soße, während *Hot Sauce* sämig oder dünnflüssig ist. Entsprechend wird kommerzielle Salsa meist im Glas angeboten und Hot Sauce in der Flasche. Der Übergang zwischen beiden ist jedoch im Sinne des Wortes fließend.

Eine Salsa kann neben Chilis anstelle von Gemüse auch Früchte enthalten, zum Beispiel Mango. Salsas passen zu vielen mexikanischen Gerichten, Omeletts und natürlich zu Gegrilltem. Oder ganz einfach zum Dippen und „Löffeln" mit Mais-Chips, während alle auf den Hauptgang vom Grill warten.

Zutaten (4–6 Portionen)

- 300 g frische, reife Ananas
- 250 g frische, reife Mango (oder aus der Dose)
- 1 reife (aber nicht braune) Banane
- 2 EL Sonnenblumenöl
- 2 TL Limettensaft, frisch gepresst
- 2 TL frischer, gehackter Ingwer
- 1–2 rote Habanero Chilis (selbst angebaut oder getrocknet), ersatzweise 1 TL rote Habanero-Flocken
- 2 EL frische Koriander-Blätter (Cilantro), gehackt
- 2 EL frische Minzeblätter, gehackt

So geht's:

1. Mit einem scharfen Messer die Ananas fein würfeln, den harten Mittelstrunk entfernen.
2. Die Mango schälen und das Fruchtfleisch ebenfalls fein würfeln.
3. Bei Verwendung frischer Habanero Chilis: Stiel und Saat entfernen, fein hacken. Wenn getrocknete Habanero Chilis verwendet werden, diese ein halbe Stunde in warmes Wasser legen, dann fein hacken. Achtung: Auf jeden Fall Schutzhandschuhe tragen!
4. Bananen schälen und fein hacken.
5. Genügend Koriander- und Minzblätter hacken.
6. Ingwerwurzel schälen und hacken oder in Stücke schneiden und durch die Knoblauchpresse drücken. Den austretenden Saft auf jeden Fall mit verwenden!
7. Alle Zutaten in eine Glasschüssel geben und das Öl darüberträufeln. Wenn Hot Sauce statt der Chilis verwendet wird, diese ebenfalls zugeben, eventuell nach und nach, je nach gewünschtem „Kick“.
8. Gut und vorsichtig durchmischen und zur vollen Entfaltung der Aromen mindestens 1 Stunde bei Zimmertemperatur stehen lassen.
9. Frisch servieren oder kühlstellen – die Salsa hält sich im Kühlschrank ca. 2 Tage, am besten schmeckt sie natürlich frisch.

Probieren Sie diese Salsa unbedingt aus. Sie ist auch einfach mal mit ungesalzenen Tortilla-Chips sehr, sehr lecker. Als wir für ein paar Jahre in Florida lebten, hat unser netter Nachbar Greg des öfteren hartnäckig nachgefragt: „Wann macht Ihr wieder Eure tolle Tropical Salsa – ich zahle auch dafür!“ Natürlich musste Greg nichts zahlen, nur Bier und Chips mitbringen, für einen gemütlichen Abend mit Tropical Salsa und kaltem Bier auf dem Boot-Dock.

ROASTED SOUTHWESTERN SALSA

Himmlische Röstaromen zum Dippen. Die beste Salsa wird aus frischen Zutaten zubereitet. Noch leckerer wird sie, wenn man diese – nach Southwestern-Art – vorher röstet. Dies geschieht natürlich vorzugsweise auf dem Grill. Dazu passen am besten knusprige Tortilla-Chips.

Alle Salsa-Zutaten grillen, gelegentlich vorsichtig wenden. Chilis dann enthäuten ...

... und Maiskörner mit einem Messer vom Kolben schälen.

Alle gerösteten Zutaten unter Zugabe von Öl und Limettensaft pürieren. Koriander und abgezweigte Maiskörner unterrühren.

Zutaten (ca. 4 Portionen)

2–3 Chilis nach Wahl, z. B. je ein Poblano oder Dolmalik oder Spitzpaprika, ein Jalapeño und – olé! – ein Habanero

2 große reife Tomaten oder besser noch, 1 Dutzend Kirsch- oder Datteltomaten

5 mittlere Tomatillos (sofern verfügbar)

1 Maiskolben

1 Kopf Knoblauch

1 große rote Zwiebel

2 TL Sonnenblumenöl

1–2 TL Limettensaft

Frisches Korianderkraut (= Cilantro, trotz optischer Ähnlichkeit nicht durch Petersilie ersetzen!)

Salz und frisch gemahlener schwarzer Pfeffer

 bis 

So geht's:

1. Die Zwiebel schälen und in ca. 1 cm dicke Scheiben schneiden.

2. Die Tomaten (und ggf. die Tomatillos) auf einem Stück geölter Alu-Folie grillen, alles andere kann direkt auf den Grill. Praktisch sind Alu-Grilltabletts für alle Zutaten.

3. Die Zutaten bei mittlerer direkter Hitze rösten, bis Mais, Knoblauch und Zwiebelscheiben sich leicht bräunlich färben (mehrfach wenden) und sich bei den Chilis und den Tomaten die Haut löst.

4. Chilis ca. 10 Minuten in einer geschlossenen Papier- oder Plastiktüte „schwitzen" lassen, die dünne Außenhaut abziehen, und gegebenenfalls das „Innenleben" der Schoten entfernen. Von den Tomaten ebenfalls die Haut abziehen. Abkühlen lassen.

5. Vom Mais mit einem scharfen Messer die Körner abschälen, einen Teil der Körner beiseite nehmen.

6. Alle Zutaten (außer Korianderkraut) mit einem Stabmixer in einem geeigneten schlanken Gefäß zur gewünschten Konsistenz pürieren, dabei Öl einlaufen lassen. Mit Salz und Pfeffer abschmecken. Die beiseite gestellten Maiskörner unterrühren, ebenso das frisch gehackte Korianderkraut.

7. 1–2 Stunden kühl stellen und gut durchziehen lassen. Ist die Salsa zu mild, können Sie sie mit Hot Sauce Ihrer Wahl „nachschärfen".

Tipps:

Gekühlt hält sich frisch zubereitete Salsa etwa 2–3 Tage. Damit sich das Aroma voll entfalten kann, sollten Sie Salsa jedoch stets mit Raumtemperatur servieren.

Zu Salsas und Dips am besten original Mais-Chips reichen; im Handel sind diese als Corn Chips, Tortilla Chips oder Nacho Chips erhältlich. Damit das Aroma Ihrer Kreationen optimal zur Geltung kommt, am besten ungewürzte („Natur"), allenfalls leicht gesalzene Chips wählen.

Hot Sauce „Karibik"

Wer es peppiger mag, schärft auch beim Grillen mit Hot Sauce nach. Klar, man kann unzählige fertige Hot Sauces kaufen. Es hat aber auch seinen Reiz, selber zu experimentieren und seiner Kreativität freien Lauf zu lassen. Neben dem Aroma kann man so auch die Schärfe selbst bestimmen. Dieses Grundrezept lässt sich vielfältig variieren. Die Karotten sind weniger aus geschmacklichen Gründen enthalten, sondern um der Soße ihre Konsistenz zu geben.

Soßenzutaten kochen und pürieren. Vorsicht heiß, Spritzgefahr!

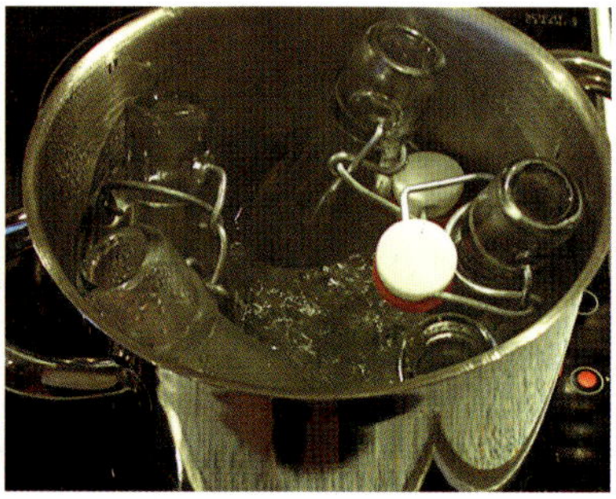

Flaschen oder Gläser in kochendem Wasser sterilisieren.

Soße kochend heiß abfüllen und sofort luftdicht verschließen.

Zutaten (ca. 0,5 l Soße)

250 g Karotten
10–15 frische scharfe Chilis *
(mit „Innenleben")
1 mittlere Zwiebel
2 Knoblauchzehen
150 ml Apfelessig
300 ml Wasser
1 Prise Zucker

bis

* Vorzugsweise C. *chinense*, also Habanero, Scotch Bonnet etc.

So geht's:

1. Karotten schälen, waschen und in Würfel schneiden.

2. Chilis entstielen, klein schneiden.

3. Knoblauch hacken.

4. Karotten, Chili-Schoten, Zwiebel und Knoblauch zusammen mit den Gewürzen und dem Apfelessig aufkochen und zugedeckt etwa 30 Minuten köcheln lassen. Gelegentlich umrühren.

5. Dann im hitzebeständigen Mixer pürieren.

6. Ist die Soße zu dickflüssig, wieder in den Topf geben, nach Geschmack noch etwas Apfelessig hinzufügen und nochmals kurz aufkochen.

7. Sauce heiß in sterilisierte Fläschchen oder Marmeladengläschen füllen, sofort gut verschließen.

Tipps ...

... zur Zubereitung und Handhabung der scharfen Soßen:

Nehmen Sie sich Zeit. Das Ganze soll schließlich Spaß machen.

Beim Schneiden der scharfen Chilis am besten Schutzhandschuhe tragen.

Beim Kochen der Soßen können beißendscharfe Chili-Dämpfe entstehen; daher sollten Sie für gute Belüftung sorgen (Dunstabzug-Haube, offenes Fenster).

Durch das Kochen und den Essiganteil sind die Soßen gut verschlossen im Kühlschrank einige Wochen haltbar. Haben Sie gerade einmal frische scharfe Chilis erstanden oder geerntet, können Sie sie auch einfrieren und bei Bedarf frische Hot Sauce kochen (die Schärfe der Chilis geht durch das Frosten nicht verloren).

Für fruchtige Hot Sauce können Sie zum Beispiel Mango oder Pfirsich dazugeben. Auch Ingwer macht sich gut (ggf. häckseln und im Leinensäckchen mitkochen).

Beim Kochen und Pürieren Augen vor Spritzern schützen.

Sterilisieren Sie auf jeden Fall Flaschen bzw. Gläser (und auch deren Verschlüsse) in kochend heißem Wasser.

Dazu die Gläser bzw. Flaschen fünf Minuten in einen mit kochendem Wasser gefüllten Kochtopf stellen.

Damit die Soße lange haltbar ist, sollte deren pH-Wert unter 4,6 (besser noch: unter 4,2) liegen. Will man dies sicherstellen, lässt sich dies mit Lackmuspapier (Apotheke) überprüfen. Probe vorher abkühlen lassen (siehe übernächste Seite).

Bei Tisch niemals mit gebrauchtem Essbesteck etc. in die Soßengefäße!

Angebrochene Soßen stets im Kühlschrank aufbewahren

Die beiden vorgenannten Tipps gelten natürlich auch für gekaufte Soßen und Salsas.

Ansonsten: Viel Spaß beim Experimentieren :-)

Chipotle Hot Sauce „Smoky“

Chipotle sind rotgereifte, durch Räuchern getrocknete Jalapeño-Chilis – eine besonders aromatische Chili-Spezialität. Damit lassen sich rauchig-pikante Soßen herstellen, perfekt zum Würzen am Grill!

Getrocknete Chipotle in warmem Wasser einweichen.

Soßenzutaten kochen, reduzieren lassen und pürieren.

Heiß in sterilisierte Flaschen abfüllen und umgehend verschließen.

Zutaten (ca. 0,7 l Soße)

- 50 g getrocknete Chipotle-Schoten. Ersatzweise 1 kleine Dose (200 g) Chipotle in Adobo Sauce.
- 1 mittelgroße weiße Zwiebel, gehackt
- 3 Knoblauchzehen, gehackt
- 700 ml Wasser
- 60 ml Apfelessig
- 100 ml Tomatensoße
- Salz zum Abschmecken
- 475 ml Apfelessig *

* bzw. etwas mehr oder weniger Essig, je nachdem, wie dick die Soße werden soll.

So geht's:

1. Für getrocknete Chipotle:
Schoten entstielen und in einer kleinen Schüssel ein paar Stunden in warmem Wasser einweichen. Abtropfen lassen und grob hacken.

Für Chipotle in Adobo Sauce:
Soße mit verwenden, Chipotle ebenfalls grob hacken.

2. Alle Zutaten außer die 475 ml Essig in einen Topf geben und zugedeckt auf niedriger Temperatur köcheln lassen, bis die Mischung auf etwa 350 ml reduziert ist.

3. Die Mischung in einem Mixer zu einer pastenähnlichen Konsistenz pürieren.

4. Die Paste und die 475 ml Essig wieder in den Topf geben, nochmal durchmixen und nur kurz aufkochen.

5. Optional: Mischung durch ein Sieb streichen um Saatkörner und feste Partikel zu entfernen (obwohl sich gerade die Saatkörner optisch gut machen und die Soße mehr Substanz hat).

6. Sauce heiß in sterilisierte Flaschen oder Marmeladengläser füllen, sofort gut verschließen (siehe auch *Hot Sauce „Karibik"*).

Für maximale Haltbarkeit der Soße sollte deren pH-Wert unter 4,6 (besser noch: unter 4,2) liegen. Ein Test mit Lackmuspapier (Apotheke) hilft dabei. Probe vorher abkühlen lassen. Ein solcher pH-Wert bedeutet, dass genug Säure vorhanden ist, um Bakterienwachstum wirksam zu bremsen.

Marinaden und Glasuren

Marinaden – aromatische Zartmacher

Seit Urzeiten werden Marinaden dazu benutzt, Lebensmittel wie Fleisch und Fisch zu konservieren, zarter zu machen und zu aromatisieren. Auch wenn uns das Industriezeitalter fortgeschrittenere Konservierungstechniken beschert hat, sind Marinaden besonders beim Grillen aktueller den je.

Die meisten Marinaden enthalten eine gewisse Menge Säure, wie beispielsweise Zitrussaft, Essig oder Wein, die in das Gewebe eindringt und es zarter und schmackhafter macht.

Flüssige Marinaden gibt es fertig in der Flasche. Besser jedoch schmeckt meist Selbstgemixtes, besonders wenn man es etwas feuriger mag.

Außerdem sind selbst gemachte Marinaden frei von unerwünschten Zusatzstoffen. Grundsätzlich könnte man für Fisch und Fleisch dieselben Marinaden verwenden; es haben sich jedoch unterschiedliche Rezepte entwickelt, die dem unterschiedlichen Aroma und Gewebeaufbau gerecht werden.

Anders als Fleisch sollten Fisch und Shrimps und anderes Seafood allenfalls etwa 30 Minuten marinieren, da sie durch die Säure sonst quasi gegart werden.

Glaze – klebrige und aromatische Glasur

Wie Marinaden bieten auch Glasuren (engl. *glaze*) eine zusätzliche Geschmackskomponente. Zusätzlich sorgen sie für Glanz und eine – gewünschte – süße klebrige Konsistenz. Die Übergänge von Marinade zur Glasur sind fließend; so wird beim japanischen *Teriyaki* in derselben Mischung mariniert, die dann auch den Glanz und eine gediegene Süße bringt. In der Regel erfolgt die Behandlung mit Glaze aber erst kurz vor Schluss des Grillens, damit sie aufgrund des hohen Zuckergehalts nicht verbrennt. Die Süße kommt je nach Rezept von Zucker, Honig, Konfitüre oder Ahornsirup.

Tipps:

Marinaden schützen beim Grillen auch vor dem Austrocknen. Im Laufe des Garprozesses wird dazu mit zuvor beiseite gestellter (also unbenutzter) Marinade gepinselt, gemoppt oder gesprüht.

Zum Einpinseln mit Marinade oder Glaze empfiehlt sich ein hitzebeständiger Silikonpinsel, wie man ihn jetzt in vielen Haushaltsgeschäften und im Grillzubehörhandel bekommt.

Margarita-Marinade

Der klassische Margarita-Cocktail stand Pate bei dieser Marinade, die Fisch und Shrimps eine geheimnisvolle frische mexikanische Note verleiht. Wir verwenden sie für die **Baja Fish Tacos** (Seite 98) und die *Margarita Grilled Shrimp & Avocado Quesadillas* (Seite 100).

Zutaten *(150 ml)*

- 60 ml (4 EL) Tequila (Silber)
- 40 ml (3 EL) Orangenlikör
- 2 TL Sonnenblumenöl
- 2 EL Limettensaft
- 1–2 Habanero-Chilis (frisch oder eingelegt), entstielt und fein gehackt, ersatzweise Habanero-Flocken
- 1 EL Zwiebel, fein gehackt
- 2 Knoblauchzehen, fein gehackt
- 1 EL Korianderkraut (Cilantro), gehackt
- ½ TL Salz
- 1 Msp. Cumin (Kreuzkümmel), gemahlen

So geht's:

Alle Marinade-Zutaten in einer kleinen Schüssel gut verrühren.

Anders als Fleisch sollten Fisch und Shrimps allenfalls etwa 30 Minuten darin marinieren.

Zutaten für die Margarita-Marinade

Ananas-Ingwer-Marinade

Zutaten 200 ml Marinade

- 125 ml Ananas-Saft
- 30 ml Sonnenblumenöl
- 40 ml Sojasoße
- 20 g brauner Zucker
- 2 TL Peperoncino, gemahlen
- 1 TL Ancho-Chili, gemahlen
- 2 TL Salz
- 1 TL frische Ingwerwurzel, geschält und fein gehackt
- 1 Knoblauchzehe, fein gehackt.

Durch **Ananas**, die das natürliche Enzym *Bromelin* enthält, macht diese Marinade Fleisch besonders zart. Damit eignet sie sich bestens für Rind, zum Beispiel die *Beef Short Ribs* auf Seite 54.

So geht's:

In einem geeigneten Gefäß alle Zutaten gut verrühren.

Tipp: Von der Marinade ein wenig zum späteren Bepinseln abfüllen und beiseite stellen.

JERK-MARINADE

Diese karibisch angehauchte Grill-Marinade eignet sich gleichermaßen für Hühnchen, Fisch und Shrimps.

Zutaten *180ml Marinade**

- 125 ml Sonnenblumen- oder mildes Olivenöl
- 4 EL Rotweinessig
- 2 EL *Karibische Jerk-Würzmischung* (Seite 202)
- 1 kleine Frühlingszwiebel (Lauch), in feine Ringe geschnitten (grüner und weißer Teil)
- 2 EL Petersilie, gehackt

* Die Menge reicht z. B. für 4 Stück Hühnchenbrust oder 6 Schenkel.

So geht's:

1. Alle Zutaten gut vermischen.
2. Im Kühlschrank Hühnchen mehrere Stunden darin marinieren, Fisch oder Shrimps 30 Minuten. Wiederverschließbare Gefrierbeutel sind hierfür praktisch.
3. Grillgut abtropfen lassen und bei direkter Hitze auf dem Grill garen.

Teriyaki-Marinade Spicy

Die japanische Teriyaki-Zubereitung macht Fisch und Fleisch nicht nur zarter, sondern gibt auch raffiniertes Aroma und einen schönen Farbton – siehe unseren *Spicy Teriyaki-Lachs* (Seite 88). Als Chili-Barbecuer haben wir unsere Teriyaki-Marinade natürlich außerdem noch ein klein wenig „aufgepeppert".

Zutaten 150 ml Marinade

- 120 ml (ca. 8 EL) Soja Sauce
- 120 ml (ca. 8 EL) Sake
- 60 ml (ca. 4 EL) Reisweinessig
- 6 EL brauner Zucker
- 8 TL Ingwerwurzel, fein gehackt
- 4 EL Basilikum, fein gehackt
- 1–2 TL Habanero-Flocken (alternativ 2–3 gehäufte TL scharfe italienische Chili-Flocken)
- 2 EL Butter

So geht's:

1. Alle Zutaten bis auf die Butter in einem kleinen Topf gut vermischen, aufkochen und unter mehrmaligem Umrühren auf etwa die Hälfte einkochen lassen.

2. Vom Feuer nehmen, mit einem Schneebesen die Butter einrühren und bei Raumtemperatur stehen und abkühlen lassen.

Tipps:

Ergibt ca. 150 ml Marinade mit sirupartiger Konsistenz, ausreichend zum Beispiel für vier Lachsfilets zu je 250 g.

Die Schärfe richtet sich je nach Art und Menge der verwendeten Chili-Flocken.

Alle Zutaten außer der Butter gut vermischen, aufkochen und unter mehrmaligem Umrühren auf etwa die Hälfte reduzieren lassen.

Vom Feuer nehmen, mit einem Schneebesen die Butter einrühren und bei Raumtemperatur stehen und abkühlen lassen.

Anschließend nochmals gut verrühren.

Mediterrane Marinade

Zaubern Sie mediterranes Flair in Fisch, Shrimps, Geflügel, Schwein und Lamm. Nichts zum Brennen, rein zum Genießen. Verwendung findet sie zum Beispiel im Rezept *Spitzpaprika Mediterran* (Seite 110) für die gegrillten Hähnchenkeulen.

Zutaten 350 ml Marinade

- 3–4 Zweige frischen Rosmarin
- 1 mittlere Zwiebel oder 2 Schalotten
- 4–5 Knoblauchzehen
- 1 große unbehandelte Zitrone (für Schale und Saft)
- 100 ml trockener Weißwein
- 100 ml Olivenöl extra vergine
- 5 EL Senf (Typ Dijon)
- 5 EL Wildblütenhonig
- 1 TL Salz
- 2 EL Chili-Flocken (Peperoncino oder – peppiger – Habanero)

bis

So geht's:

1. Die Rosmarinnadeln abstreifen und fein hacken.
2. Zwiebel/Schalotten und Knoblauch fein hacken.
3. Von der Zitrone ca. 1 EL gelbe Schale abreiben (dünn, ohne die weiße Schicht drunter),dann die Zitrone ausdrücken (sollte 50–100 ml ergeben).
4. Alle Zutaten gut verrühren, am besten mit einem Schneebesen, und abschmecken.
5. Für eine feurigere Marinade mehr Chili-Flocken verwenden oder etwas Habanero Hot Sauce zugeben.

Honey Chipotle Mustard Glaze

Rauchig-pikante Glasur für Schwein und Geflügel

Süßer Honig und rauchige Chipotle sind einfach eine göttliche Kombination, und auch ein wenig Senf passt gut dazu. Das Ganze macht sich bestens auf den *Chicken Wings #2* (Seite 72) und auf Ribs.

Zutaten (ca. 150 ml Glaze)

- 3 Chipotle in Adobo Sauce (siehe Seite 14) inkl. 1 EL ihrer Soße
- 100 ml Honig, flüssig
- 1 EL Ancho Chili, gemahlen
- 2 EL Limettensaft, frisch gepresst
- 2 EL Sojasoße oder Tamari
- 1 EL Dijon-Senf

So geht's:

1. Die Chipotle-Schoten fein hacken.
2. Alle Glasur-Zutaten in einer kleinen Schüssel gut verrühren.

Apricot Chili Glaze

Fruchtig-pikante Glasur für Schwein, Geflügel, Seafood und Süßes

Wenn Sie Fleisch oder Seafood glasiert haben, verwenden Sie den Rest noch für ein leckeres Dessert, zum Beispiel für die *Bananenspieße im Speckmantel* auf Seite 156. Ein besonders heißer Tipp für Glasiertes sind auch unsere *Chicken Wings #3* auf Seite 74.

Zutaten (ca. 250 ml Glaze)

- 175 ml Aprikosenkonfitüre
- 50 ml trockener Weißwein
- 40 ml Apfelessig
- 3 TL zubereiteter Meerrettich (Glas oder Tube) oder 1 TL frisch gerieben
- 1 TL Dijon-Senf
- 2 TL brauner Zucker
- ½ TL Habanero, gemahlen

So geht's:

1. Alle Zutaten in einen kleinen Topf geben, gut verrühren und auf mittlerer Hitze zum Kochen bringen.

2. Ein wenig einkochen lassen und vom Feuer nehmen.

Tipp: Reste lassen sich in kleinen Behältern gut einfrieren.

Smoky Plum Glaze

Fruchtig-pikante Glasur für Schweinefleisch und Wild

Beim Experimentieren fanden wir heraus, dass Pflaumen bzw. Zwetschgen sehr schön mit geräucherten Chilis wie Chipotle oder Pimentón de la Vera harmonieren, in dieser Glasur bringen wir beides zusammen. Sie passt perfekt zu Schweinefleisch und Wild. In diesem Buch findet die Glasur im Rezept *Schweinemedaillons mit Smoky Plum Glaze* Verwendung (Seite 34).

Zutaten (ca. 150 ml Glaze)

- 175 ml Zwetschgenkonfitüre
- 50 ml guter Rotwein, gerne mit Fassnote
- 20 ml Rotweinessig
- 2 TL Dijon-Senf
- 2 TL brauner Zucker
- 1 TL Pimentón de la Vera picante oder Chipotle, gemahlen

So geht's:

1. Alle Zutaten in einen kleinen Topf geben, gut verrühren und auf mittlerer Hitze zum Kochen bringen.
2. Auf etwa 2/3 reduzieren lassen und vom Feuer nehmen.

Tipps:

Sollte die Glasur zu dick werden, nochmals leicht erhitzen.

Nicht verwendete Glasur ergibt mit etwas Rotwein verdünnt und nochmals erhitzt eine feine Soße!

Würzmischungen & Rubs

Würzig, würzig

Was wäre das Leben ohne die richtige Würze. Damit Sie nicht alle möglichen verschiedenen Mischungen bevorraten müssen, beschränken wir uns gezielt auf vier verschiedene. Diese eignen sich für ein breites Anwendungsspektrum, und sie finden in diesem Buch reichlich Verwendung. Mixen Sie also ruhig ein wenig mehr!

Auch zum Nachwürzen bei Tisch sind die vorgestellten Mischungen lecker, denken Sie also auch an ein paar Leerstreuer.

Mit oder ohne Zugabe von Zucker lässt sich eine Würzmischung auch als **Rub** verwenden.

Was ist ein „Rub"?

Englisch „rub" heißt einreiben, und Rubs sind Gewürzmischungen zum „trockenen Marinieren" vor dem Grillen – man reibt das Grillgut damit ein, um es zu aromatisieren und zarter zu machen.

Richtig Rubben

Grundsätzlich sollte das Grillgut zum Einwirken kühl gestellt werden. Ribs, Fleischstücke und Fischfilets können dazu in ein Glas- oder Kunststoffgefäß gelegt werden, oder man wickelt sie stramm in Frischhaltefolie ein – das spart Platz im Kühlschrank und Abwäsche. Wie lange man ein Rub einwirken lässt, hängt vom Grillgut ab:

5 bis 15 Minuten: Kleine Stücke (Meeresfrüchte wie Shrimps, Fleischwürfel, geschnittenes Gemüse)

15 bis 30 Minuten: Dünne Fleischstücke ohne Knochen (Hähnchenbrust, aufgeschnittenes Schweinefilet, Steaks, Fischfilets)

0,5 bis 2 Stunden: Dickere Fleischstücke mit/ohne Knochen (ganze Hähnchen, Rinder-/Schweinefilet am Stück, Lammkeule, Rinderbraten)

2 bis 8 Stunden oder über Nacht: Große und robustere Fleischstücke (Spareribs, Schweinenacken oder Schulter, ganze Schinken, Pute)

Zubereitung der Mischungen

Die Zubereitung der verschiedenen Mischungen ist denkbar einfach: Alle Zutaten gut vermischen und in einem luftdichten Gefäß trocken, kühl und dunkel aufbewahren.

Cajun-Würzmischung

Cajun – das ist die pikante Küche der US-Südstaaten, insbesondere Louisiana. Von hier stammen Klassiker wie Gumbo, Jambalaya und rote Bohnen mit Reis. Fast alles wird mit einer speziellen Mischung gewürzt, die neben Kräutern natürlich viel Chili und Paprika enthält. Über die amerikanische Südstaatenküche hinaus ist die typische Cajun-Mischung jedoch universell einsetzbar, ganz besonders beim Grillen und Barbecue. Wir mixen hier gleich etwas mehr davon, denn auch in diesem Buch wird rege von der Cajun-Mischung Gebrauch gemacht.

Zutaten **für ca. 200 g**

- 8 EL Ungarischer Paprika edelsüß
- 1 EL Cayenne oder italienischer Peperoncino, gemahlen
- 1 EL Thymian, getrocknet, gerebelt
- ½ EL Oregano, getrocknet, gerebelt
- ½ EL Basilikum, getrocknet, gerebelt
- 4 EL Schwarzer Pfeffer, grob gemahlen
- 4 EL Knoblauchpulver
- 4 EL Zwiebelpulver
- 3 EL Meersalz

bis

Cajun Rub

Die obige Cajun-Würzmischung ist auch Grundlage für unseren universell verwendbaren Cajun-Rub. Ergibt ca. 280 g Rub.

Zutaten:

1 Rezept Cajun-Würzmischung

80 g brauner Zucker

Memphis-Rub

Zutaten *für ca. 120 g*

- 4 EL Ungarischer Paprika edelsüß
- 2 TL Cayenne oder Peperoncino gemahlen
- 2 EL Knoblauchpulver
- 1 EL Zwiebelpulver
- 1 EL Senfpulver (z. B. Colman's)
- 1 EL schwarzer Pfeffer, gemahlen
- 1 EL Oregano, getrocknet
- 2 EL brauner Zucker
- 2 TL Salz

Die Stadt Memphis im US-Bundesstaat Tennessee ist Barbecuern bestens bekannt, besonders dank des alljährlichen Festivals „Memphis in May“, bei dem jedes Jahr im Mai 100.000 Zuschauer verfolgen, wie etwa 250 Wettkampf-Teams in den Disziplinen Schweinerippchen, Schweineschulter und Ganzes Schwein um heiß begehrte Trophäen antreten. Besonders bei den Ribs wird gerne trocken mariniert, das dafür verwendete Memphis-Rub ist ein Klassiker. Diese Mischung eignet sich bestens für jede Art von „low and slow“ zubereitetem Schweinefleisch – außer Ribs (Seite 42ff) besonders auch für *Pulled Pork*, den superzarten Schweinebraten aus dem Smoker (Seite 47).

Tipp: Selbst in Memphis ist dieses Rezept nicht in Stein gemeißelt, einige verwenden Selleriesalz als Zutat, andere Kreuzkümmel, oder sie lassen zum Beispiel das Senfpulver weg. Besonders die Wettkampf-Barbecuer variieren und hüten ihre Rezeptur streng als Geheimnis. Experimentieren Sie also ruhig nach Lust und Laune!

Schweinische Trophäen

Karibische Jerk-Würzmischung

„Jerk" ist die typische pikante Art des Kochens und Würzens in der Karibik. Besonders Schweinefleisch, Fisch und Geflügel wird mit einer Mischung aus frischen oder getrockneten Gewürzen behandelt, die typischerweise Zutaten wie Zwiebeln, Piment (Allspice), Thymian, schwarzen Pfeffer, Salz, Muskatnuss, Zimt, Knoblauch, Chili und Nelken enthält. Diese werden trocken oder als Paste aufgetragen; nach dem Einwirken wird über Holzkohle gegrillt (alternativ tut es natürlich auch der Gas- oder Elektrogrill). Die Würzmischung nach authentischem jamaikanischem Rezept gibt auch vegetarischen Grillbeilagen den richtigen Pfiff.

Zutaten für ca. 120 g

- 4 TL Habanero, gemahlen
- 8 EL Zwiebelpulver (oder –granulat)
- 2 TL Knoblauchpulver (oder -granulat)
- 8 TL Piment (Allspice), gemahlen
- 2 TL Muskatnuss, gemahlen
- 2 TL Zimt, gemahlen
- 1 TL Nelken, gemahlen
- 8 TL Thymian
- 4 TL schwarzer Pfeffer, grob gemahlen
- 4 TL Meersalz (optional)

Tipps:

Gleich ein wenig mehr mixen, denn mit der Jerk-Würzmischung lässt sich auch mühelos eine **Jerk-Marinade** anrühren, die sich gleichermaßen für Hühnchen, Fisch und Shrimps eignet (das Rezept finden Sie auf Seite 193).

Ebenso einfach ist eine **Jerk-Paste** hergestellt, die besonders gut für Geflügel und Schweinefleisch einsetzbar ist. Diese Paste lernen Sie im Rezept *Jamaican Jerk Chicken* (Seite 66) kennen.

Southwestern-Würzmischung

Nicht nur für Southwestern- und TexMex-Rezepte empfiehlt sich diese rauchig-herzhafte Mischung, der es dank reichlich Chili auch an Pepp nicht fehlt.

Zutaten für ca. 120 g

- 4 EL Chipotle, gemahlen *
- 4 EL Paprika edelsüß
- 2 TL Chili-Flocken (Peperoncino)
- 2 TL Cayenne oder Peperoncino, gemahlen
- 2 EL Koriander-Saat, gemahlen
- 2 EL Knoblauchpulver (oder -granulat)
- 2 EL Oregano, getrocknet, fein gerebelt
- 4 TL Cumin (Kreuzkümmel), gemahlen
- 2 TL schwarzer Pfeffer, grob gemahlen
- 2 EL Meersalz

* Probieren Sie alternativ Pimentón de la Vera

Tipps:

Kernige Kartoffeln vom Grill: Gut geputzte neue Kartoffeln (mit Schale) in der Mikrowelle vorgaren, dünn mit Öl einpinseln und bei direkter Hitze rundherum goldbraun grillen. Vom Grill nehmen und sofort mit Southwestern-Würzmischung bestäuben.

Außerdem eignet sich diese Würzmischung hervorragend für eine schnelle Würzbutter für Steaks, Baguettes und ebenfalls für Kartoffeln vom Grill – mehr dazu Seite 152.

Anhang: Kerntemperaturen *

Grillgut	°C
Schwein	
Lende/Filet (leicht rosa)	60 – 65
Schinken (rosa/durch)	65–70/70–75
Nacken	75 – 80
Rücken (rosa/durch)	65–70/70–80
Haxe	80 – 85
Kasseler	70 – 75
Rind	
Roastbeef/Filet (blutig)	40 – 45
Roastbeef/Filet (rosa)	55 – 60
Roastbeef/Filet (durch)	60 – 65
Ribeye-Steak 500-600 g	56 – 60
Rinderbraten	75 – 85
Brust/Brisket (Smoker)	90 – 95
Hamburger (medium/durch)	72 / 80
Kalb	
Rücken (hellrosa)	60 – 70
Braten, durch	68 – 75
Nierenbraten, durch	75 – 80
Kalbshaxe	75 – 85
Lamm	
Lammrücken (rosa/durch)	68–75/75–80
Lammkeule (rosa/durch)	75–80/80–85
Wild	
Wildbraten (Hirsch/Reh)	75 – 80
Rehrücken (rosa)	52 – 60
Rehkeule	75 – 80
Wildschweinfilet (rosa)	60 – 62
Wildschweinfilet (durch)	65 – 70
Wildschweinbraten	75 – 80
Sonstiges	
Fisch	60 – 80
Geflügel	80 – 85
Fleischkäse („Leberkäse“)	70
Hackbraten (Meat Loaf)	80

Die Kerntemperatur ist die Temperatur im Inneren des Grillgutes während des Garens im Grill, Ofen oder Smoker. Sie ist eine gute Möglichkeit den Garzustand zu bestimmen, ohne das Grillgut anzuschneiden, was zu Austrocknen oder Auslaufen führen würde. Die Messung erfolgt mit einem Thermometer mit Sonde, die ins Zentrum der dicksten Stelle des Grillgutes gesteckt wird, allerdings nicht direkt an einen Knochen, da dieser eventuell heißer wird als das umgebende Fleisch.

Will man außerdem noch vermeiden, für jede Temperaturmessung den Grill oder Smoker zu öffnen, empfiehlt sich ein digitales Thermometer mit Kabelsonde. Der Fühler wird in den Braten gesteckt und bleibt während der gesamten Garzeit darin stecken. Weiterer Vorteil der Digi-Geräte: Bei Erreichen einer voreingestellten Temperatur piepst es laut und vernehmlich. Bei besonders komfortablen Geräten meldet eine Basisstation die gemessene Temperatur per Funk an ein Handgerät, sodass man sich auch vom Grill oder Smoker entfernen kann.

Speziell für Barbecue Smoker gibt es digitale Funk-Thermometer mit zwei Fühlern. Der zweite Fühler (siehe Pfeil) dient zur Überwachung der Garkammer-Temperatur direkt am Rost; sie kann von der Messung eines im Grill- oder Smoker-Deckel eingebauten Thermometers differieren, und zudem erlaubt dies die Fernüberwachung, um rechtzeitig nachzufeuern.

Bedenken Sie, dass die Kerntemperatur in der Regel auch noch etwas steigt, wenn man das Fleisch vor dem Servieren ruhen lässt.

* Die Temperatur-Werte sollen *Anhaltspunkte* sein. In der Literatur findet man für Kerntemperaturen erhebliche Abweichungen; wir haben uns bemüht, diese sinnvoll abzugleichen und durch eigene Erfahrung zu ergänzen.

Die CHILI BARBECUE Akteure

Texte und Fotos: Harald Zoschke
Food Styling: Renate Zoschke
Food-Vorbereitung: Renate Zoschke
Food-Fotos: Harald Zoschke
Foto-Assistenz: Renate Zoschke
Layout: Harald Zoschke
Umschlaggestaltung: Harald & Renate Zoschke
Druck: Kling-Druck, Kressbronn

So geschah es ...

Was ursprünglich als Hobby begann, beschäftigt Harald Zoschke seit Mitte der 1990er beruflich: Chilis und scharfe Küche. Seit 1997 ist er Mitglied des Chile Pepper Institute der New Mexico State University, und in jenem Jahr erschien auch **Das Chili Pepper Buch** in erster Ausgabe.

Wenig später folgten vier Jahre Entwicklung und Vertrieb kommerzieller preisgekrönter Hot Sauces in den USA. Begleitend wird seitdem enger Kontakt mit Chili-Züchtern, Herstellern scharfer Produkte und anderen Experten aus aller Welt gepflegt. Hinzu kam 1998 ein eigenes Ladengeschäft in Florida, das so ziemlich alles verkaufte, was mit Chilis zu tun hat – ein Konzept, das Harald Anfang 2001 online erfolgreich nach Deutschland brachte und zusammen mit seiner Frau Renate zu großem Erfolg führte.

2007 war dann „**Das Chili Pepper Buch 2.0**“ fertig, unter Chili-Fans inzwischen ein Standardwerk. Während Harald den „Pepperworld Hot Shop“ und die eigenen Produktmarken Mitte 2011 nach zehn Jahren in neue Hände gab, kümmert er sich nach wie vor persönlich um seine umfassende Chili-Website *pepperworld.com*.

Außerdem war jetzt endlich Zeit für Projekte, die aus Zeitmangel stets zurückstehen mussten. Allen voran dieses Buch – CHILI BARBECUE!

Wie Sie an der Liste der beteiligten Personen erkennen können, wurden fast alle Arbeiten an diesem Buch in Personalunion erledigt. Was sonst von einem größeren Team bewältigt wird, teilen sich hier zwei Chili- und Barbecue-Fans, die auch sonst alles teilen, und das schon seit 25 Jahren.

Warum wir alles selbst gemacht haben? Weil es Freude macht, sämtliche Schritte eines Projektes zu erledigen und dabei Neues zu lernen.

Danke!

Mein tiefster Dank gilt meiner lieben Frau **Renate**, ohne deren fleißige und kreative Mitarbeit dieses Buch nicht möglich gewesen wäre.

Dankbar sind wir **Dave DeWitt** und seiner Frau Mary Jane. Sowohl bei den beiden daheim in New Mexico als auch bei uns am Bodensee konnten wir schon so einige genüssliche Stunden beim Barbecue verbringen. Aus Daves Fundus stammen auch verschiedene Rezepte in diesem Buch, und seine Ratschläge und Ermunterungen haben uns oft weitergeholfen. Thanks, Dave!

Danke auch an **Andreas Kling**, dem es immer wieder gelingt, unsere manchmal etwas verrückten Ideen drucktechnisch umzusetzen.

Chilis und Barbecue – bei Harald & Renate Zoschke kommt zusammen, was zusammengehört.

Und nicht vergessen: Web-Links, Literaturhinweise und Updates gibt es auf **chili-barbecue.de** !

Index

Index

Rezept-Index

(v) = vegetarisch